DAKAR

Essai de

Géographie Médicale

et d'Ethnographie

PAR

Le Docteur Ch. JOJOT

Médecin-Major de 2ᵉ classe des Troupes coloniales
Médecin-Chef de l'Ambulance
et de l'Hospice Civil de GORÉE

1907

DAKAR

Essai de

Géographie Médicale

et d'Ethnographie

PAR

Le Docteur Ch. JOJOT

Médecin-Major de 2ᵉ classe des Troupes coloniales
Médecin-Chef de l'Ambulance
et de l'Hospice Civil de GORÉE

1907

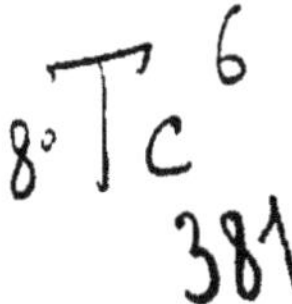

DAKAR

I

L'A. O. F. ET SA CAPITALE

Dakar est devenu depuis quelques années, la capitale du Gouvernement général de l'Afrique Occidentale Française, l'A. O. F. par abréviation.

L'Afrique Occidentale Française, constituée par décret du 16 juin 1895, a quatre fois la superficie de la France. La ligne Dakar-Tchad mesure environ 4.500 kilomètres. Le Niger a plus de deux mille kilomètres en territoire français.

La population européenne, fonctionnaires civils et militaires compris, est d'environ six mille personnes, la population indigène de plus de dix millions d'habitants. La force armée régulière est de dix mille hommes, les forces de police sont de trois mille. Ces troupes sont composées d'indigènes encadrés par des européens. Il suffit de rappeler El Hadj, Omar, Samory, Behanzin et les épisodes tragiques de la conquête pour ne pas mettre en doute la bravoure des populations ainsi contenues dans l'obéissance.

Le budget de l'A. O. F. est de trente-six millions de francs. Celui du dernier exercice publié, 1904, s'est soldé par trois millions d'excédent. La dette est de soixante-cinq millions. Un projet d'un nouvel emprunt de cent millions a été soumis en 1906 aux Chambres françaises.

Le territoire est subdivisé en plusieurs colonies, ou plus exactement l'A. O. F. est constituée par une fédération de colonies gardant une certaine indépendance : *Sénégal,* chef-lieu, St-Louis ; *Haut-Sénégal Niger,* chef-lieu Kayes, qui doit être remplacé. incessamment par Baunnako ; *Guinée,* chef-lieu, Konakry ; *Côte-d'Ivoire,* chef-lieu, Grand-Bassam ; *Dahomey,* chef-lieu Porto-Novo ; *Protectorat de Mauritanie,* chef-lieu Tijikja, mais dont les services sont à St-Louis ; *Territoires militaires de l'A. O. F.* comprenant la boucle du Niger et les régions sahariennes de Tombouctou et de Zinder. Chaque colonie a un Lieutenant-Gouverneur et un budget particuliers.

L'A. O. F. a un Gouverneur-Général résidant à Dakar, assisté d'un Conseil de Gouvernement composé des Gouverneurs des différentes colonies, des Chefs de service, Finances, Travaux publics, etc., du Général commandant les troupes, Capitaine de frégate commandant la marine, Directeur du service de santé, etc. Ce Conseil de Gouvernement se réunit chaque année pour voter le budget.

Dakar, malgré son titre de capitale, continue à faire partie de la colonie du Sénégal. C'est le chef-lieu du deuxième arrondissement administratif, qui comprend Gorée, Rufisque, le Saloum, la Casamance et la voie ferrée jusqu'à Kelle. Le Gouverneur du Sénégal réside à St-Louis et est représenté à Dakar par un délégué.

Dakar forme une commune et a une municipalité, élue au suffrage universel, par les électeurs européens et indigènes réunis. La circonscription Dakar-Gorée est représentée au Conseil général du Sénégal par quatre conseillers.

Jetée
RADE DE DAKAR
Entrée de la Rade
QUARTIER
ARSENAL
PORT MILITAIRE
Routes de BEL AIR et de HANN
Chemin de Fer
Bassin de Torpilleurs
Bassin de Redoub
GARE DES MARCHANDISES ET ATELIERS
DES DUNES
Hôtel de la Marine
PORT DE COMMERCE
GRANDE JETÉE
PETITE JETÉE
Parc à charbon
QUARTIER INDIGÈNE
AVENUE FAIDHERBE
RUE VINCENS
Gendarmerie
Mairie
BOULEVARD
Police
GARE DES VOYAGEURS
APPONTEMENT MORIN
CAP BERNARD
PINET LAPRADE
Intendance
BLANCHET
Douanes des Messageries
Batterie
RUE CANARD
Mission
Délégation
COMPAGNIE FRAISSINET
Poste
Hôtel d'Europe
Monument
Hôtel du Général
CASERNES
Cercle Catholique
Église
Rue des ESSARTS
Ecole
Conseil
ATAS
Rue de GARONNE
PLACE DU MARCHÉ
BANQUE
Douane
Messageries Maritimes
D° du Port
PLACE PROTET
Kiosque
PALAIS de Justice
Ecole des Filles
Hôtel de Nations
Hôtel de la Défense
Moulin rouge
Hôtel Continental
NATIONAL
Loge Maçonnique
Artillerie
Service Général Gouvernemt
Hôtel
OFFRET
Direction d'Artillerie
Caserne des Isolés
Artillerie
État Major
Service de Santé
BOULEVARD
Magasins Généraux
RUE BLANCHOT
RUE VINCENS
Compagnie d'Anglo
PRISON
ARTILLERIE
TRAVAUX PUBLICS
Bureaux Marine
Rue FÉLIX FAURE
RUE J. Vauchoul
Mosquée
Abattoir
BOULEVARD DE LA RÉPUBLIQUE
Ancien Cimetière
RUE DU GOUVERNEMENT GÉNÉRAL
AVENUE DU GOUVERNEMENT GÉNÉRAL
PALAIS DU GOUVERNEUR GÉNÉRAL
Établissemt HERSENT
ANSE BERNARD
AVENUE COURBET
Route du Lazaret
HÔPITAL COLONIAL
Citerne
PLAN DE DAKAR
1906

II

ÉTYMOLOGIE — POSITION GÉOGRAPHIQUE

Dakar vient du mot ouolof « Dakh'ar » qui veut dire tamarins. En français on aurait dû plutôt dire Darar. Le Kha,
qui appartient à l'arabe comme au ouolof, n'a pas de corres-
pondant français, mais se rapproche plus d'un *r* guttural que
d'un *k*. Les Ouolofs ont, si cette étymologie est exacte, adopté
la prononciation française : ils disent N'Dakaro, pour Dakar.

La côte était autrefois couverte de forêts, et les premiers
navigateurs lui donnèrent le nom de Cap Vert.

Dakar est situé par 14° 14' de latitude nord et 19° 46'
de longitude ouest, sur la presqu'île du Cap Vert. Cette
presqu'île est dirigée du nord-est au sud-ouest. Elle présente
une série d'anses et de caps : la pointe des Almadies, les
Mamelles, qui correspondent exactement au Cap Vert, le Cap
Manuel ou Cap Bougnioul (bougnioul, en ouolof, esclave
noir), l'anse des Madeleines, l'anse Bernard, la rade de Dakar,
l'anse de Hann.

La ville de Dakar est bâtie en amphithéâtre sur une rade
ouverte au nord-est, en face de l'île de Gorée. Elle est à deux
mille cinq cents mètres de cette île et en est séparée par des
fonds marins de trente mètres au plus. La partie la plus
élevée de la ville est à 19 mètres au-dessus du niveau de la

mer. Près du lazaret, au phare du Cap Manuel, l'altitude est de 3o mètres environ.

La ville, très étendue, composée de maisons basses, à un étage au plus, bâties en briques creuses et couvertes de tuiles, n'a qu'un monument, le nouveau palais du Gouverneur, qui domine la presqu'île. Du palais, la vue embrasse Dakar et sa rade, les Mamelles et leur phare, la petite île de Gorée avec son rocher, son église et ses maisons blanches, et la pointe sablonneuse du Bel air. Le panorama, sans avoir la grandeur de celui d'Alger, ne manque pas de beauté. L'impression n'est pas aussi triste que l'a écrit Vigné d'Octon (*Journal d'un marin*), ce n'est pas le pays de la mort et Dakar-Gorée n'ont pas l'aspect de nécropoles.

III

CLIMATOLOGIE

Le climat de Dakar présente deux saisons bien tranchées : la saison sèche ou estivage et l'hivernage.

La première va de Novembre à Juillet. Le thermomètre reste entre 18° et 28° centigrades. Exceptionnellement, il descend jusqu'à 14°. Le plus souvent il reste entre 20° et 25°. L'accoutumance des habitants est telle qu'un abaissement de quelques degrés donne la sensation du froid.

Le ciel est souvent nuageux pendant cette saison, mais il ne pleut pas. Il souffle des vents violents, venant surtout du nord-est. Quelquefois des brumes épaisses s'élèvent de l'Océan.

Au commencement de l'estivage, pendant le mois de décembre, il y a souvent quelques jours de pluie. La température baisse alors brusquement, et les cas de fièvre bilieuse hémoglobinurique et surtout les affections des voies respiratoires se montrent avec fréquence. Si la pluie se prolonge, c'est un désastre économique pour la colonie : les récoltes d'arachides et de mil pourrissent et les indigènes qui vivent au jour le jour sont menacés de famine.

L'hivernage dure de juillet à novembre. Le thermomètre oscille entre 25° et 33°. La chaleur est humide et déprimante.

Il se produit des tornades, coups de vent violents suivis de pluies torrentielles. Les Européens souffrent surtout pendant cette saison. Les mois les plus durs sont septembre et octobre. C'est généralement pendant l'hivernage qu'éclatent les épidémies de fièvre jaune.

Pendant cette saison le pays se couvre d'une végétation aussi luxuriante qu'éphémère. Le rocher de Gorée disparaît sous la verdure. Les baobabs ont des feuilles. Le Cayor prend un aspect verdoyant et fertile. Le désert du Ferlo lui-même a des herbages et les tribus nomades de Pouls y conduisent leurs troupeaux au pâturage. Le fleuve du Sénégal devient un Mississipi, et les vapeurs venus d'Europe remontent de St-Louis jusqu'à Kayes.

Les Européens font leurs plantations et les indigènes les cultures de mil, de manioc et d'arachides, qui leur permettront de vivre pendant le reste de l'année.

Pendant l'hivernage l'humidité de l'air est extrême, les cuirs, les métaux, les caoutchoucs s'altèrent rapidement, les tissus placés dans des endroits mal aérés se couvrent de moisissûres.

La pression barométrique ne subit pas à Dakar les importantes variations qu'elle présente dans les régions tempérées. Le baromètre reste entre 757 et 766. Les tornades qui sont très localisées ne s'accompagnent pas de variation barométrique notable.

La direction des vents influe beaucoup sur le temps. Les vents du nord et du nord-est prédominent pendant la saison fraîche, ceux du sud-ouest pendant l'hivernage. Dakar ne reçoit pas comme St-Louis, le souffle desséchant du Sahara, mais le vent y soulève des flots de sable et de poussière.

IV

GÉOLOGIE

Le sol de Dakar renferme trois assises :

1° Une couche de terre végétable ou de sable, peu épaisse près du Cap Manuel, très profonde au contraire dans la région des Dunes. Des haches et des outils de pierre ont été retrouvés en grand nombre dans cette couche.

Elle est profondément souillée. « Jusqu'en 1889, les Européens morts à Gorée ont été enterrés un peu partout à Dakar, qui n'est par suite qu'une vaste nécropole, d'autant plus dangereuse qu'on y a enterré tous les cadavres de fièvre jaune et que les traces des tombes ont en grande partie disparu. » *(M. le Méd. Insp. Kermorgant)*.

L'enlèvement des ordures ménagères n'est pas assuré. La ville présente en maints endroits des amas de détritus qui fermentent au soleil avant que les prisonniers ne viennent les brûler. Il n'y a pas de fosses d'aisances et en attendant le tout à l'égoût, les matières fécales sont jetées à la mer par des indigènes rétribués par les particuliers. En descendant sur le rivage on est saisi par des odeurs nauséabondes. Jusqu'ici aucun écoulement n'était assuré aux eaux pluviales. Les égoûts, construits en 1906, ne sont pas encore utilisés ni achevés.

2° Une couche de latérite. C'est un conglomérat de couleur rouge ocre, formé d'argile durcie, de quartz et d'un minerai de fer. Cette pierre noircit et durcit à l'air, et est utilisée faute de mieux pour les constructions. Employée comme ballast sur les routes, elle se pulvérise vite et donne cette poussière rouge si désagréable et si salissante.

La latérite ne se rencontre pas seulement à Dakar, mais sur toute la côte de l'A. O. F. et même dans l'intérieur.

La couche de latérite a de 2 à 4 mètres de profondeur à Dakar.

3° Enfin, à des profondeurs variables, 20 mètres au plus, une couche imperméable d'argile ou de marne. Les eaux de pluie, si abondantes au moment de l'hivernage, s'infiltrent rapidement à travers les deux premières assises, mais sont arrêtées par la troisième. Elles finissent par détremper les couches les plus superficielles et il en résulte des glissements.

Au Cap Manuel se trouvent des roches basaltiques qui sont utilisées actuellement pour les travaux du port. Les terrains volcaniques existent à Dakar et dans la région, les Mamelles du Cap Vert sont les vestiges d'anciens volcans éteints. Le Castel de Gorée est aussi de nature volcanique.

Ainsi, le sol de Dakar varie considérablement. Rarement les roches basaltiques affleurent, on ne peut pas aller les chercher pour établir les fondations, on construit sur le sable, sur des bans de latérite souvent en période de formation et incomplètement durcie, que les pluies de l'hivernage désagrègent facilement. Des constructions récentes comme l'Église et certaines parties de l'Hôpital colonial sont déjà lézardées. L'Église a dû être abandonnée, et pendant l'hivernage 1906, un bâtiment du grand quartier d'artillerie a dû être évacué parce qu'il glissait dans l'anse Bernard.

V

HYDROLOGIE

Il y a deux sortes d'eaux de boisson utilisées à Dakar :
les eaux de pluie recueillies dans les citernes privées, les eaux
de la ville venant de Hann.

Les citernes privées sont peu nombreuses. Elles ont le
grave inconvénient de devenir souvent de vastes réservoirs
à moustiques. Celles de l'Hôpital colonial ne sont pas utilisées.

Les eaux de la ville viennent de Hann, (ou plus exactement Rann — Kha aspiré). Ce sont des eaux de pluie, qui
chaque année s'infiltrent pendant l'hivernage à travers les
dunes de sable, sont arrêtées par la couche imperméable
d'argile et recueillies par des galeries filtrantes.

Une usine élévatoire, située près du jardin d'essai de
Hann, refoule ces eaux à Dakar par une conduite de 22 cent.
de diamètre. L'eau va s'accumuler dans deux réservoirs
édifiés l'un dans la basse ville près du futur arsenal, l'autre
dans la ville haute entre l'Hôpital colonial et le camp des
Madeleines I.

Les prises d'eau de Hann ont le grave inconvénient
d'avoir été construites près des sépultures des disciplinaires
morts de la fièvre jaune en 1878. Une des galeries filtrantes

est à 5o mètres à peine du monument élevé « à la mémoire des sous-officiers, caporaux et disciplinaires morts de la fièvre jaune en 1878..... L'eau collectée dans les galeries de Hann provient forcément et incontestablement de la nappe qui baigne ces tombes. » (*M. le Médecin Inspecteur général Kermorgant*). Un village nègre, construit avec de vieux wagons abandonnés et des marigots d'une salubrité douteuse sont voisins des galeries filtrantes. Enfin, le jardin d'essai lui-même, avec les engrais et les arrosages qu'il nécessite, risque de contaminer les eaux de boisson.

Cependant jusqu'ici, l'eau de Hann a été considérée comme saine. Les analyses chimiques ou bactériologiques l'ont déclarée telle. « Dakar est admirablement partagé : l'eau de source n'est pas plus pure que celle qu'on trouve dans les dunes. » (Dr MARCHOUX, *Annales d'Hygiène et de Médecine coloniales*).

Les cas de fièvre typhoïde, peu nombreux d'ailleurs, qui ont été constatés à Dakar, ont été attribués à l'usage de glace provenant de Rufisque.

L'eau est malheureusement distribuée à Dakar avec parcimonie, dans la ville haute surtout. Les conduites ne sont ouvertes que deux heures le matin et deux heures le soir. Les rues poussiéreuses ne sont pas arrosées.

De nouvelles galeries filtrantes ont été construites en 1906 dans le voisinage des premières, et un projet a été établi de transfert du Jardin d'essai sur la route de Ouakam. Il ne resterait au Jardin de Hann qu'une station forestière.

VI

FLORE ET FAUNE

Parmi les arbres de Dakar, sans parler des tamarins, qui ont donné leur nom à la ville, sont les acacias, les ficus, les fameux baobabs, d'un aspect majestueux, les rôniers à bois imputrescible, les palmiers à huile, etc. Le bois des baobabs est pulpeux et inutilisable. On les a comparés irrévérencieusement à de gros navets. L'eucalyptus s'acclimate bien : des plantations ont été faites en divers points de la ville, notamment le long de la voie ferrée de Dakar à St-Louis et forment un arrière plan de verdure à la rade.

L'aloës, le figuier de Barbarie, le laurier rose, le Bougainvilliers, le ricin, les canna poussent très facilement. Les bananes, les papayes, les citrons, les mangues, les corossoles, goyaves, ditakh sont des fruits de Dakar. Les P.P. du St-Esprit ont à Thiès et à Ngazobil de magnifiques vergers où les oranges et les mandarines viennent en abondance.

Des plantations de mil, de manioc et quelques plantations de canne à sucre existent dans les environs. Le coton et l'arachide ne sont pas cultivés à Dakar. La purghèse ne forme que des haies. La tomate pousse presque à l'état sauvage, mais l'espèce locale donne des fruits gros comme des cerises et acides.

L'hivernage fait sortir de terre les fameux kham-kham qui encombrent le sol de leurs graines garnies de piquants, plus adhérentes aux vêtements que la poussière de latérite.

Parmi les animaux, sont des chevaux de petite taille, les M'Bayar, assez robustes ; les chevaux du fleuve, ainsi appelés parce qu'ils viennent des bords du fleuve Sénégal. Ils ont plus de taille et supportent bien le climat.

Les chevaux importés d'Algérie sont décimés par la typho-malaria. Quant aux chevaux de France leur existence est encore plus précaire.

Les mulets importés supportent assez bien le climat. L'artillerie en est pourvue.

Les chameaux sont dépaysés à Dakar. Ils contractent vite des maladies cutanées et dépérissent. Diverses tentatives faites par des maisons de commerce pour les introduire à Dakar ont échoué. Pourtant aux îles du Cap Vert, le chameau est utilisé, même comme animal de trait.

Les Pouls amènent des bœufs à bosse porteurs de cornes très longues et très aigues. Les autres espèces sont moins différentes de celles de France.

Le bœuf fournit la viande de boucherie. Il n'est pas utilisé à Dakar pour la traction. Il n'y a pour ainsi dire pas de vaches à Dakar et par là même pas de lait. On consomme des quantités considérables de lait de conserve venant de France et de Suisse.

Les chèvres vivent bien à Dakar. Les moutons ont des cornes enroulées, de grandes pattes et pas de laines. Leur chair est de qualité inférieure.

Il y a quelques singes autour des Marigots et des perruches à l'état libre qui vivent par bandes.

Des sortes de vautours, vulgairement charognards, planent sans cesse sur la ville, et contribuent dans la mesure de leur appétit à son assainissement. Un troupeau de quelques autruches déambule gravement dans les rues. Les « margouillats » sortes de lézards fourmillent, ils ont une tête large et jaune. Il y a aussi des caméléons et quelques serpents gros mais pas dangereux.

La mer est très poissonneuse. Elle possède de nombreux requins, qui interdisent les bains de mer.

Les termites élèvent leurs monticules dans le voisinage de la ville. Les cancrelas et les petites fourmis noires envahissent les maisons et sont, avec les moustiques, anophèles et surtout culex et stegomia, des commensaux assez incommodes.

Le jardin d'essai de Hann, situé à huit kilomètres de Dakar, près de l'usine élévatoire, a succédé au jardin des disciplinaires. Cette création est encore récente.

VII

HISTORIQUE

Dakar est une ville très jeune, la plus jeune des capitales de nos Frances d'outre-mer. Son histoire se confond pendant longtemps avec celle de Gorée, la petite île voisine, occupée de bonne heure par les Européens.

La côte paraît avoir été autrefois couverte d'épaisses forêts qui lui valurent le nom de Cap Vert.

Les Mandingues occupèrent les premiers les quelques points de la côte « où ils furent attirés par leur esprit mercantile pour entrer en relations avec les premiers navigateurs... l'un de ces établissements était à Dakar, c'était un comptoir d'échanges. » (PINET LAPRADE, *Etude sur les Sérères, 1865)*.

Les Sérères, refoulés par la guerre de la Haute-Casamance, se rapprochèrent de la mer et s'établirent dans le Sine-Saloum, le Baol et le Cap Vert. La région était alors inhabitée, en dehors des quelques établissements mandingues, et les Sérères se groupèrent par familles dans les zones les plus favorables aux cultures. *(ibidem)*.

C'est dans ces conditions que les trouvèrent les Lébons, de race ouolove. Chassés de l'empire Djolof par les guerres intestines, les Lébons descendirent vers le sud et occupèrent la presqu'île du Cap Vert. Ils détruisirent l'établissement des

Mandingues à Dakar (XV° siècle) et pénétrèrent jusque dans le Baol, sans refouler cependant complètement les Sérères auxquels ils se juxtaposèrent.

Vers 1549, le Baol et le Cayor, jusque-là unis sous la suzeraineté du « Bour ba Djolof » se séparèrent et devinrent indépendants. Le chef du Cayor prit le titre de « Damel » et celui du Baol, de « Teigne ». Les guerres nombreuses qu'ils se firent, n'eurent d'autre résultat que la dévastation du pays.

Les Lébons, établis dans la presqu'ile du Cap Vert, s'efforcèrent de maintenir leur indépendance contre leurs puissants voisins. Les Damels lançaient contre eux leurs « Tiédos », caste libre et guerrière, toujours en quête de butin et de captifs.

Les premiers Européens qui parurent à Dakar furent des Français. En 1364, les Dieppois envoyèrent deux navires aux Canaries. De là ils parvinrent au Cap Vert et mouillèrent vers Noël, vis à vis du Rio Fresco, dans une baie qui d'après Villault de Bellefond portait encore de son temps le nom de « Baie de France. » (VILLAULT DE BELLEFOND, *Relation des côtes d'Afrique. Paris 1669*).

A la suite de ces découvertes les marchands de Dieppe et de Rouen formèrent en 1365 une société pour le commerce de la côte d'Afrique. Ils y fondèrent de nombreuses « loges » ou comptoirs, où ils venaient échanger les produits d'Europe contre le morphil, la civette, l'ambre gris, la cire, la malaguette (poivre), la poudre d'or, etc...

La guerre avec l'Angleterre et la conquête de la Normandie ne suffisent pas à expliquer la disparition d'un mouvement dû à des initiatives purement locales.

D'après le P. Labat « la mort des principaux intéressés amena le désordre; l'ambition des autres, leur passion de s'élever à la noblesse et à la carrière des armes, leur fit dédaigner le commerce. » (P. LABAT, *Nouvelles relations sur l'Afrique occidentale. Paris 1728-1729*).

Villault de Bellefond donne une autre raison qui paraît plus judicieuse. Ce seraient les épidémies qui auraient chassé les Français : « Ces pays sont peu fréquentés par les Français par la mauvaise pensée qu'ils ont conçue de la malignité de l'air en ces pays. Je ne puis remarquer qu'avec extrême regret l'adresse des Anglais, des Hollandais et des Danois, de nous avoir imprimé si fort cette idée, qu'elle nous ait réduits à ce point d'abandonner les places que nous y tenions et dont ils tirent le plus grand profit. »

L'incendie de Dieppe en 1694 détruisit les archives de la vieille ville normande et nous priva de documents sur cette première tentative coloniale française.

Les Portugais arrivèrent sur la côte au XV⁰ siècle. Gil Eanez (1432) et Denys Fernandez (1446) furent les premiers explorateurs. Leurs compatriotes ne tardèrent pas à créer des établissements importants. Ce furent eux qui surent le mieux s'assimiler les indigènes. Ils arrivèrent à leur faire connaître leur langue et à en convertir un certain nombre au catholicisme. Au commencement du XVIIᵉ siècle, la langue et les dénominations portugaises étaient employées à la côte d'Afrique, aussi bien dans la géographie que dans le commerce. Certaines ont persisté : Rufisque, Portendick, etc. (Rio Fresco, Porto Andiguo). Europe se dit encore aujourd'hui Tougal (Portugal) en oüolof.

En 1612, les Anglais et les Hollandais commencèrent à apparaître. Les Hollandais réussirent à déloger les Portugais d'un certain nombre de leurs comptoirs et occupèrent notamment Gorée. En 1618, les Anglais construisirent en Gambie le fort St-James. En 1626, la Cⁱᵉ Normande, reformée par des marchands de Rouen, fixa son principal établissement à St-Louis.

Les Européens recherchaient les îles, où ils se sentaient plus en sûreté, ne venaient à « la grande terre » que pour leurs trafics et n'y créaient pas d'établissements.

C'est ainsi· que pendant des siècles, Dakar, malgré sa situation privilégiée ne se développe pas, et que son histoire reste liée à celle de Gorée, un ilôt, un banc de sable adossé à un rocher de basalte, sans eau et sans végétation.

En 1635, deux capucins de Rouen qui visitent les pays du Cap Vert, y trouvent des chrétiens français, portugais et nègres, sont très bien reçus, convertissent un grand nombre d'indigènes. (WALCKENAËR, *Collection des voyages en Afrique. Paris 1826.*)

Pendant la majeure partie du XVIIᵉ siècle, de 1617 à 1677, Gorée et le Cap Vert sont au pouvoir des Hollandais. Les Français sont à Saint-Louis et sur le fleuve où leurs compagnies de colonisation se succèdent avec des fortunes toujours malheureuses : après la Cⁱᵉ Rouennaise, la Cⁱᵉ du Cap Vert et du Sénégal (1659), la Cⁱᵉ des Indes Occidentales (1664) la Cⁱᵉ du Sénégal (1677). L'appui politique et financier de la monarchie ne leur fut cependant pas marchandé (voir : *Les Cⁱᵉˢ de colonisation en Afrique Occidentale sous Colbert.* CHEMIN-DUPONTÈS, *Paris 1903*).

Les établissements du Sénégal constituaient alors une escale de premier ordre sur la route des Indes Occidentales (Antilles), les plus riches colonies du temps. Elles leur fournissaient la main-d'œuvre sous forme d'esclaves noirs. Cette main-d'œuvre était considérée comme indispensable aux Iles d'Amérique et le trafic des esclaves était protégé et encouragé par Colbert.

Le commerce avec les Maures de la gomme employée aux apprêts d'étoffes avait une grande importance.

La poudre d'or, recueillie à la côte, avait accrédité la croyance en la valeur aurifère des rives de la Falèmé, où de nouveaux conquistadores se promettaient une fortune facile et rapide.

Enfin, au XVIIᵉ siècle et pendant la majeure partie du XVIIIᵉ, suivant l'hypothèse de Léon l'Africain, les géographes confondaient le Sénégal et le Niger, croyaient que les deux fleuves n'en formaient qu'un, qui prenait sa source dans le Centre de l'Afrique, près de l'Egypte, coulait de l'est à l'ouest, et se jetait dans l'Océan par de nombreux bras divergents : Sénégal actuel, Saloum, Gambie, Casamance. Cette voie fluviale du « Niger » constituait une voie de pénétration très disputée.

L'établissement hollandais de Gorée, limité à un fort sur le rocher et à quelques cases pour les magasins, fut pris par les Anglais en 1663, et repris par l'amiral de Ruyter en 1664. Le Comte d'Estrées s'en empara le 3o octobre 1677, et cette possession fut assurée à la France par le traité de Nimègue 1678.

En 1679, Ducasse, au nom de la Compagnie du Sénégal, après une guerre heureuse contre les rois indigènes, obtint en toute propriété et seigneurerie la côte comprise entre le Cap Vert et la Gambie. Ce traité devait rester longtemps lettre morte. Les nouvelles Cies de colonisation françaises ne furent pas plus heureuses que les précédentes : Nouvelle Cie du Sénégal (1681) ; Cie du Sénégal, Cap Vert et Côtes d'Afrique 1694 ; Cie du Sénégal 1709 ; Cie des Indes 1718.

En 1758, l'amiral anglais Keppel s'empara de Gorée. En 1759, la fièvre jaune fit sa première apparition historiquement établie au Sénégal.

En 1763, le traité de Paris nous rendit Gorée, mais St-Louis et les établissements du fleuve restèrent aux Anglais. Gorée reçut dès lors des gouverneurs à nomination du roi. Le premier fut Poncet de Rivière, qui renouvela les traités avec les rois indigènes du Cayor et restaura nos comptoirs du Cap Manuel et du Cap Bernard.

Ces comptoirs sur la « grande terre » étaient peu compliqués : d'après une lettre du temps, « un comptoir est un espace d'environ 60 toises carrées, dans lequel il y a de petites maisons de paille et un magasin de même pour la traite des besoins de la garnison. » (*Documents sur les établissements français de l'Afrique Occidentale.* MACHAT, *Paris 1906.*)

Des sous-officiers ou des soldats étaient détachés de Gorée comme résidents dans ces comptoirs.

Les comptoirs de « Daccard » ne fournissaient pas seulement des captifs pour les îles d'Amérique, mais du riz, du mil, des bœufs, poules, légumes et de l'eau potable pour les besoins de Gorée.

En 1774, à Gorée, la population était de 100 mulâtres, 100 nègres libres, 1.200 esclaves. Les nègres libres étaient les « gourmets », domestiques noirs. Il existe encore à Gorée, une rue des Gourmets.

Il y avait une centaine d'hommes de garnison « des brigands ramassés dans toutes les boues de l'Europe et presque toujours le rébut du dépôt de marine de Rochefort ». (LE BRASSEUR, *gouverneur de Gorée. — Ibidem.*)

Les mulâtresses, la plupart d'origine portugaise, les « signares » avaient pour principale occupation la prostitution. Elles semaient parmi les blancs les divisions et les maladies. Le climat, l'ennui, le désœuvrement complétaient l'œuvre de la débauche.

Les compagnies de colonisation, ressuscitées par un aventurier, l'abbé Demanet, ancien curé de Gorée devenu commerçant, et dotées de certains pouvoirs réguliers étaient en conflit perpétuel avec les gouverneurs du roi.

« Le commerce de Gorée était en captifs. On y chargeait les esclaves pour les Antilles. Les noirs mettaient le feu dans l'île pour se sauver à la faveur du désordre, ce qui est facile, toutes les maisons étant en paille. » (*Ibidem*).

En janvier 1779, l'escadre du Marquis de Vaudreuil qui se rendait en Amérique enleva St-Louis en passant, mais le corps expéditionnaire commandé par le Duc de Lauzun fut décimé à Gorée par la fièvre jaune. Le traité de Versailles nous rendit nos possessions du Sénégal.

Après 1783, le pouvoir est exercé par les gouverneurs nommés par le roi, mais les grandes compagnies gardent le monopole du commerce. Un bataillon d'Afrique à six compagnies est créé pour le Sénégal.

Le chevalier de Boufflers (1786-1788) transporta le chef-lieu de la colonie de St-Louis à Gorée. Il chargea son aide de de camp Golbéry de visiter le littoral et de traiter avec les chefs indigènes pour l'acquisition du Cap Vert.

Le chevalier de Blanchot, major d'infanterie, qui commandait le bataillon d'Afrique lui succéda. La Révolution supprima les compagnies et proclama la liberté du commerce. Gorée traversa tranquillement cette période sous l'administration de Blanchot devenu général de brigade. Mais en avril 1800, les Anglais s'emparèrent une fois encore de l'île.

Blanchot se réfugia à St-Louis. Les Français reprirent Gorée en 1804 pour la reperdre peu après. L'occupation anglaise devait durer jusqu'en 1817.

Elle laissa des traces dans le pays. Un certain nombre de familles sénégalaises ont trouvé leur origine à cette époque et portent encore des noms anglais. La coutume des nègres sénégalais de processionner la nuit de Noël avec des lanternes en papier, viendrait des officiers anglais qui la veille de Christmas se rendaient visite les uns aux autres, en se faisant accompagner de leurs boys nègres munis de lanternes. Les « gourmets » sont devenus les boys.

En 1814, le traité de Paris rendit aux Français leurs établissements du Sénégal, entr'autres Dakar-Gorée.

Le 17 Juin 1816 partit de Rochefort une expédition composée de la frégate la *Méduse*, la corvette l'*Echo*, le brick l'*Argus* et la corvette de charge la *Loire*. A bord de la *Méduse* étaient une trentaine de commissaires chargés au nom d'une compagnie de visiter le Cap Vert que l'on voulait coloniser. (*Notice historique sur les Etablissements français des Côtes occidentales d'Afrique*, BARTHÉLÉMY, *Paris 1848*.) L'ex-

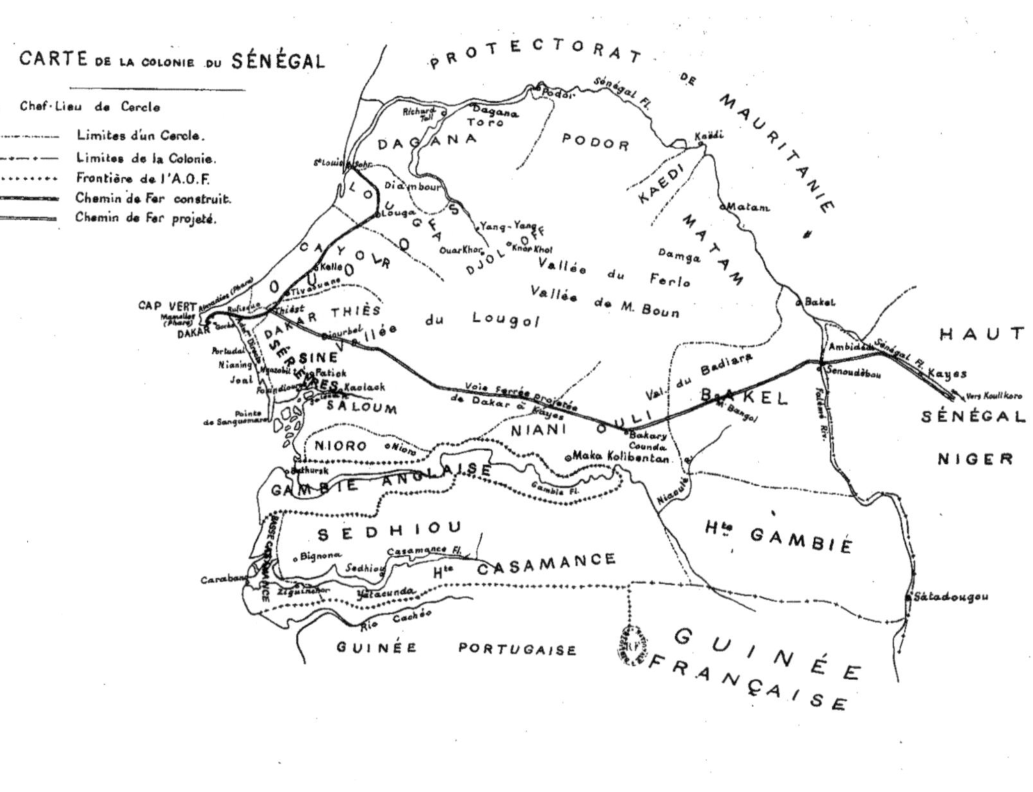

CARTE DE LA COLONIE DU SÉNÉGAL
Chef-Lieu de Cercle
Limites d'un Cercle.
Limites de la Colonie.
Frontière de l'A.O.F.
Chemin de Fer construit.
Chemin de Fer projeté.
PROTECTORAT DE MAURITANIE
Sénégal Fl.
Podor
Richard Toll
Dagana Toro
DAGANA
PODOR
Kaëdi
KAEDI
St Louis N'dar
Diambour
MATAM
Matam
LOUGA
Louga
Yang-Yang
Damga
OUARKHOK
DJOL OFF
Knor Khol
Vallée du Ferlo
CAYOR
Kelle
Vallée de M. Boun
Bakel
CAP VERT
Almadies (Phare)
Tivaouane
Rufisque
Thiès
DAKAR THIÈS
du Lougol
Manelles (Phare)
DAKAR
HAUT
Diourbel
Vallée
Ambidedi
Sénégal Fl.
Kayes
Portudal
SÉRER
SINE
Fatick
Ngazobil
Senoudébou
Vers Kouli koro
Nianing
Joal
Foundiougne
Val du Badiara
SÉNÉGAL
Kaolack
OULI
BAKEL
Pointe de Sanguemar
SALOUM
Voie Ferrée Projetée
NIANI
Bangol
NIGER
de Dakar à Kayes
Bakary Counda
NIORO
Niono
Maka Kolibentan
Bathurst
Gambie Fl.
Niaoui
GAMBIE ANGLAISE
Hte GAMBIÉ
SEDHIOU
BASSE CASAMANCE
Bignona
Casamance Fl.
Caraban
Sedhiou
Hte CASAMANCE
Ziguinchor
Yatacunda
Satadougou
Rio Cachéo
GUINÉE PORTUGAISE
GUINÉE FRANÇAISE

pédition eut un résultat déplorable. Le naufrage de la *Méduse* survenu près de la Baie d'Arguin a été immortalisé par la peinture.

Les naufragés furent rassemblés dans un camp à Dakar, avec les militaires envoyés par le Gouvernement de Louis XVIII pour réoccuper le Sénégal. Le Gouverneur anglais Beurthorn refusa de leur livrer la colonie. Tous furent décimés par une effroyable épidémie, qui fut probablement la fièvre jaune.

Le 25 janvier 1817, le colonel Schmalz obtint enfin la reprise de possession effective.

« En 1817, une compagnie se forma en France pour coloniser le Cap Vert. Des plans magnifiques, des gravures représentant Daccard comme un nouvel Eden furent répandus dans les campagnes de l'Alsace, de la Lorraine et de la Provence ; aussi de nombreux émigrants se réunirent au Hâvre, lieu désigné par les administrateurs de la compagnie. Ils s'embarquèrent sur le trois mâts « *La Belle Alexandrine* » et arrivèrent le 12 avril 1817. On juge facilement quel effet dut produire sur ces hommes qui cherchaient une terre promise, la vue du Cap Bernard avec des rochers dépouillés au lieu de végétation, des sables brûlants au lieu de verdure et des baobabs énormes au lieu d'arbres fruitiers. Le découragement s'empara des nouveaux colons qui se réfugièrent soit à Gorée, soit à St-Louis, et dont le plus grand nombre succomba aux maladies du pays. Les Directeurs, accusés d'escroquerie, furent obligés de prendre la fuite. » (BARTHÉLÉMY, *Ibidem.*)

Le Gouvernement de la Restauration rétablit la Traite des noirs, mais il voulut aussi coloniser le .Sénégal et faire mettre en valeur le sol par les indigènes. Ces tentatives mal dirigées et insuffisamment dotées au point de vue pécuniaire échouèrent. Gorée demeura exclusivement une escale. L'ordonnance royale du 7 janvier 1822 créa l'entrepôt de Gorée.

Le'territoire du Cap Vert, sous le feu des canons de Gorée, échappait complètement à son action. Quelques traitants y trafiquaient soumis à l'arbitraire des chefs indigènes. Les bâtiments français ne pouvaient mouiller dans la rade de Dakar sans payer un droit d'ancrage aux roitelets du Cap Vert.

« De 1817 à 1854, nous avions Gorée, ilôt en pleine mer, parfaitement sain, très complètement isolé à cette époque des relations avec la terré de Dakar, qui appartenait à des naturels, souvent en hostilité contre nous... Et comme le commerce dit de la Côte, se réduisait à peu près entièrement à la Traite des esclaves, on n'avait que des points de trafic situés tout à fait sur le littoral et dans des endroits bien découverts, afin que les captifs ne pussent s'évader facilement et pussent s'embarquer sans difficultés sur les navires négriers.

« D'autre part nous avions des bâtiments de guerre, chargés de surveiller et plus tard d'empêcher cette traite. Ces bâtiments croisaient toujours au large, de sorte que jusqu'en 1835 et 1842 même, on comprend que le nombre des Européens qui pénétrait un peu dans l'intérieur et habitait un certain temps à terre était à peu près nul. » (BÉRANGER-FÉRAND, *médecin chef de Gorée*).

Dakar restait un village ouoloff sans importance, un marché et un point d'embarquement pour les esclaves, qui allaient ensuite attendre dans les caves des maisons de Gorée leur départ pour l'Amérique. Ces ergastules ont survécu à la traite et existent encore dans les vieilles maisons de l'île.

Les Européens de Gorée, réduits à leurs citernes, allaient chercher à Hann près de Dakar l'eau potable. C'est aussi à Dakar qu'ils enterraient leurs compatriotes.

Les traitants s'embarrassaient moins des cadavres des noirs. D'après certaines traditions, il les faisaient déposer à l'extrémité sud de l'île, sur un rocher que la mer couvre à marée haute. Ce rocher portait le nom suggestif de « table des requins. »

Ce furent les missionnaires catholiques, qui élevèrent les premiers édifices de Dakar et ouvrirent les premiers établissements d'instruction et d'assistance pour les indigènes. En 1845, les Pères du Saint-Esprit créèrent une école professionnelle et agricole à Dakar. Le P. Warlop, ancien ingénieur, construisit l'édifice. En 1846, les Frères de l'Institut de Ploërmel, fondèrent une mission à Dakar qui comprenait une école de garçons. En 1847, la mission catholique créa la première école de filles de Dakar.

La République de 1848 en supprimant l'esclavage (Décret du 27 avril 1848) porta à l'île de Gorée un coup terrible. Il y avait à cette époque à Gorée 4.100 captifs sur 5.293 habitants.

En 1849, les Pères du Saint-Esprit transportèrent leur école à Ngazobil près de Joal, mais en 1851, ils la ramenèrent à Dakar.

Les Lebons, impuissants à défendre leur indépendance contre les Damels du Cayor, avaient fait de plus en plus appel à notre concours et fini par se donner à nous par libre accession. Les sénégalais de Dakar aiment à rappeler que leur pays n'a pas été conquis, qu'il s'est donné librement à la France.

En 1856, fut fondé, en face de Gorée, le poste français de Dakar. Il paraît avoir été occupé par les disciplinaires de marine, les « cocos » en argot militaire. Il est juste de reconnaître les services qu'ils ont rendus, les souffrances qu'ils ont endurées et le lourd tribut qu'ils ont payé au paludisme, à la fièvre bilieuse hémoglobinurique et à la fièvre jaune. Il n'y avait pas d'établissement sanitaire à Dakar, et les malades étaient envoyés à l'hôpital de Gorée. Béranger-Férand qui fut longtemps médecin chef de cet hôpital, a écrit l'histoire sanitaire de cette période.

En 1859, Faidherbe partait de Gorée à la tête d'une colonne, prenait solennellement possession de Dakar, Rufisque et Joal, et débarrassait la région des Tiédos qui l'infestaient.

L'année 1848 avait amené au Sénégal un homme qui devait y jouer un rôle considérable, Pinet-Laprade, le véritable créateur de Dakar. Arrivé comme capitaine du génie, Pinet-

Laprade exerça les fonctions de commandant supérieur de Gorée et dépendances depuis le 3 mars 1859 jusqu'au 30 avril 1865. Soutenu par la confiance du gouverneur Faidherbe, il développa Dakar de tous ses moyens.

Il conçut dans de larges proportions le plan d'un port et d'une ville et fit si bien qu'il réussit à obtenir du ministère une première subvention de 800.000 francs pour la construction d'une digue fermant la rade. Il utilisa la main-d'ouvre des disciplinaires, créa le port tel qu'il est utilisé encore aujourd'hui et les premiers établissements publics construits à Dakar, la gendarmerie, la prison et une sorte de caserne redoute, située sur l'emplacement actuel du Secrétariat Général, place Protêt.

C'est véritablement une époque de renaissance pour le Sénégal : Faidherbe, savant et administrateur, indique la voie par ses travaux d'ethnographie et de linguistique ; Pinet-Laprade publie son étude sur les Sérères ; Mgr Kobès, le fondateur des établissements de Ngazobil, compose la grammaire de la langue ouolove et dote cette langue d'un alphabet ; le médecin chef de Gorée, Béranger-Férand rassemble des documents pour ses savants écrits sur la fièvre bilieuse hémoglobinurique, la fièvre jaune et sur les peuplades de la Sénégambie.

Jusqu'à Pinet-Laprade, les paquebots des messageries qui desservaient la ligne du Brésil, s'arrêtaient aux Iles du Cap Vert, à l'ilôt portugais de Saint-Vincent, où les avisos de la marine stationnés au Sénégal allaient chercher le courrier. Pinet-Laprade devenu gouverneur du Sénégal le 1er mai 1865 après le départ de Faidherbe, obtint que Dakar devint le point de relâche des paquebots, le siège d'une agence et un vaste dépôt de charbon.

En 1863, l'école professionnelle des Pères du St-Esprit fut définitivement transférée à Joal. La mission des Frères de Ploërmel subsistait péniblement. En 1867, leur école comptait seulement 20 élèves.

La fin de Pinet-Laprade fut digne de sa vie, il mourut à Saint-Louis le 17 avril 1869, frappé à son poste de gouverneur par l'épidémie de choléra. Par un juste tribut de reconnaissance, le nom de Pinet-Laprade a été donné à l'un des principaux boulevards de Dakar, et c'est un devoir pour l'historien de Dakar de rendre l'hommage qui est dû à cette grande figure, restée un peu effacée dans le rayonnement du glorieux Faidherbe.

Les désastres de la guerre Franco-Allemande eurent leur contre-coup à Dakar : les Frères partirent et leur école fut supprimée en juillet 1871.

La première République avait affranchi le Sénégal de la tutelle étroite et mesquine des compagnies de colonisation et lui avait donné la liberté commerciale, la deuxième République avait libéré les captifs et détruit les vestiges de l'esclavage, la troisième République allait donner à la colonie un accroissement territorial et un développement économique tel que les plus optimistes n'avaient osé l'espérer.

Le nouveau régime voulut doter la colonie d'institutions libérales et lui octroya les libertés municipales. Le Décret du 10 août 1872 créa la commune de Gorée-Dakar. L'état civil de Dakar était tenu par un adjoint spécial.

Le Décret du 10 mars 1873 engloba dans le territoire de cette commune la banlieue de Dakar.

En 1874, grâce à l'amiral Wallon, qui fut un des premiers députés du Sénégal, le droit de suffrage fut accordé aux indigènes de race noire dans les villes de Saint-Louis, Gorée-Dakar et Rufisque.

L'école des garçons fut rétablie à cette époque par les Pères du Saint-Esprit, qui la vendirent en 1882 aux Frères de Ploërmel.

En 1882, Dakar vit débarquer le premier gouverneur civil, M. Servatins. Le 14 mars 1882, le nouvel hôpital de Dakar commença à fonctionner. Dans cette même année furent commencés les travaux du chemin de fer de Dakar à Saint-Louis (265 kilomètres.) La section de Dakar à Rufisque fut inaugurée le 27 juillet 1883, la ligne de Dakar à Saint-Louis le 6 juillet 1885.

Le Décret du 17 juin 1887 sépara Dakar de Gorée et consacra l'existence de la jeune cité comme commune indépendante. Dakar eut un maire, un adjoint et douze conseillers municipaux. Ce décret fut appliqué en janvier 1888.

L'arrêté du 14 décembre 1887 créa la chambre de commerce de Dakar.

En 1892, la ville s'arrêtait à la place Protêt (PROTÊT, *cap. de freg. gouv. du Sénégal de 1850 à 1854*), et encore avec de nombreux espaces vides.

Le Décret du 18 juin 1895 institua le Gouvernement général de l'Afrique occidentale française et le 28 décembre 1895 arrivait à Dakar, M. Chaudiè, premier Gouverneur général.

Le 17 octobre 1897, M. André Lebon, ministre des colonies, vînt visiter le Sénégal. Son voyage fut l'occasion de nombreuses fêtes.

Le Décret du 21 mars 1898 créa auprès du Gouverneur, le Secrétariat général, et celui du 17 octobre 1899 fortifia les pouvoirs du Gouverneur général.

En 1900 eut lieu à Dakar, sur l'emplacement du jardin public, une exposition locale du Sénégal.

Le Décret du 1ᵉʳ octobre 1902 fit faire un pas de plus à l'organisation de l'Afrique occidentale. Il comportait la subordination des lieutenants gouverneurs des diverses colonies confédérées au Gouverneur général et organisait le budget général. L'article 5 du décret stipulait que « le Gouverneur général a sa résidence officielle à Dakar, St-Louis demeurant le siège du Gouvernement du Sénégal »

En 1904, fut achevée la laïcisation des écoles publiques de Dakar. Le Décret du 18 octobre 1904, organisa définitivement le Gouvernement général de l'A. O. F.

Dakar vit séjourner longuement dans les eaux de sa rade la flotte russe de l'amiral Rodjevensky qui devait aller chercher le désastre dans les mers du Japon.

La compagnie de discipline, qui avait coopéré activement à la création de Dakar quitta en 1905 son camp de Ouakam pour l'Algérie.

Le 20 août 1906, la Cour d'appel de l'Afrique occidentale a été transférée de Saint-Louis à Dakar.

Devenu capitale de l'Afrique occidentale française, résidence du Gouverneur général, des chefs de service, siège de la Cour d'appel, camp retranché et point d'appui de la flotte, port d'escale pour les navires de toute nationalité allant dans l'Amérique du Sud, au Cap ou à la Côte d'Afrique, Dakar aspire aux plus hautes destinées. Des projets d'agrandissement de la cité sont déjà formés, un « greater Dakar » doit s'élever sur le plateau jusqu'au Cap Manuel. Les avenues de la Liberté, de la République, du Gouvernement Général, Courbet, Kléber etc., sillonneront la nouvelle ville. Un Hôtel de Ville, une nouvelle gare, un nouveau marché, une gendarmerie, un hôpital indigène, un hôtel continental, des casernes, des tramways, l'éclairage électrique transformeront Dakar.

VIII

POPULATION

Au recensement de 1900, Dakar comptait 8737 habitants et Gorée 2068. En 1904, la population de Dakar s'était élevée à 18000 habitants. Elle s'est encore accrue depuis et peut être évaluée, population flottante comprise, à près de 30000 âmes. Les travaux entrepris par la colonie et par les particuliers y appellent une foule d'ouvriers.

Les noirs forment l'immense majorité et l'impression du nouvel arrivant est d'être débarqué dans un état nègre.

Les Européens sont une infime minorité, mais ils fournissent les cadres de la société de Dakar : fonctionnaires de tout ordre, civil et militaire, ingénieurs, conducteurs ou surveillants de travaux, commerçants et employés. L'entreprise Hersent a fait venir un certain nombre d'algériens qu'elle avait utilisés précédemment à Bizerte. Il y a peu d'ouvriers étrangers : les Italiens qui fourmillent sur tant de chantiers ne viennent guère à Dakar.

Le nombre des femmes européennes est déjà élevé : en général elles supportent bien le climat. Il est permis d'entrevoir un acclimatement possible de familles européennes au Cap Vert, d'autant que la rapidité et le bon marché croissants des transports permettront de plus en plus aux coloniaux des exodes fréquents dans la métropole.

Les mulâtres sont plus nombreux que les européens mais leur chiffre n'est cependant pas très élevé. Ils ne sont pas plus de 5 à 6000 pour tout le Sénégal répartis surtout entre les centres, Dakar-Gorée, Rufisque et St-Louis. Les mariages consanguins sont très fréquents chez eux et paraissent avoir fait plus pour empêcher leur multiplication que les prétendues incompatibilités de leurs races originelles. Les mulâtres sont restés en contact avec la population indigène, dont ils parlent la langue et conservent souvent certaines habitudes ou certaines traditions. Entourés de leurs serviteurs, souvent d'anciens captifs, ils exercent une grosse influence sur les noirs. C'est la vieille constitution du patronat antique, de la clientèle ou de la gens, qui se retrouve dans toutes les sociétés encore primitives.

La majorité des noirs de Dakar appartient à la race ouolove et plus spécialement à la fraction des Lébons, qui peuplait autrefois le Cap Vert. La langue ouolove prédomine à Dakar.

Mais les noirs de l'Afrique occidentale voyagent volontiers, et on trouve aussi à Dakar, et en grand nombre, des Bambaras, des Toucouleurs, des Sarracolais, des Pouls au nez droit et au teint cuivré, des Maures, qui se rapprochent des Arabes et sont d'aspect sauvage et musulmans fanatiques. Chaque race possède ses caractères ethnographiques particuliers et sa langue. Beaucoup de maures et d'indigènes des bords du fleuve parlent l'arabe.

Les noirs de Dakar portent généralement des vêtements amples en tissus de cotonnade bleue, le « boubou » sorte de blouse nationale, une calotte très haute et plissée la « m'bakhna » en drap rouge ou plus souvent en velours violet ou cramoisi, des culottes bouffantes « diata ». Beaucoup, surtout les catholiques s'habillent à l'européenne, les pauvres avec de vieilles défroques ; les jeunes gens aisés copient le chic européen, les Sénégalais les appellent les « gourmets » vieux vocable français du XVIII° siècle détourné de son sens.

Les femmes s'habillent aussi de préférence avec des cotonnades bleues, aux fêtes elles recherchent les couleurs criardes. Jeunes filles, elles vont tête nue ; mariées, elles s'enveloppent la tête d'un mouchoir de couleur voyante « nioumbeull ». Elles se font tresser leurs cheveux en de petites nattes courtes, très serrées et graisseuses, qui tombent sous le mouchoir. Elle se nouent sur la poitrine ou accumulent sur leur ventre des linges pour accentuer leurs formes. Elles superposent les toilettes, laissant les sales et les vieilles sous les neuves. Une femme volumineuse, marchant lentement et d'un pas déhanché réalise le type idéal de la beauté.

Quand elles ont un jeune enfant, elles se l'attachent avec des linges sur le dos ; l'ensellûre de la colonne lombaire exagérée chez la négresse, favorise cette façon de faire. Elles posent sur leur tête tout ce qu'elles doivent porter, non seulement la calebasse qui leur sert de panier, mais des objets comme une bouteille ou un livre de messe. La liberté des mains leur paraît indispensable.

La nourriture des noirs se compose surtout de riz et de poisson, ou de couss-couss de mil écrasé avec mortiers et pilons de bois. Ce couss-couss verdâtre « tiéré » est assaisonné avec le « Laloo », jeunes feuilles de baobab pilées. Il est généralement cuit avec de la viande ; mélangé de sucre et de lait, il fournit un plat recherché, le « sombi » ou « gossi ». Les fruits du baobab sont consommés en nature ou pilés avec de l'eau, formant un liquide laiteux. Les petites tomates locales sont souvent associées au riz et au poisson. L'huile de palmes ou d'arachides complète la cuisine sénégalaise.

La noix de kola fraîche, blanche ou rouge « gourou » est la friandise de prédilection. De saveur amère, elle laisse aux initiés un arrière-goût savoureux, et colore la salive en rouge cuivré. Mâchonner la kola ou une petite baguette sèche, pour nettoyer les dents, le « sottiou », sottiouter suivant un néologisme, constitue deux passe-temps vraiment sénégalais. Le vin de palme procure une satisfaction plus intense, mais il n'est pas l'objet d'une production importante. Les boissons alcooliques consommées sont généralement de fabrication européenne. La tisane de Kinkélibah jouit d'une vogue qui rappelle celle du maté chez les Argentins. Les Sénégalais la gratifient de toutes sortes de propriétés thérapeutiques.

La langue ouolove n'est pas une langue écrite. Elle est peu fixée, sujette à des variations locales. Le ouolof de Dakar et de St-Louis est mêlé de français, celui du Baol, de sérère etc. Le ouolof est très riche en mots pour exprimer les mêmes objets, les mêmes idées. Il est très difficile de le réduire à des règles précises, ceux qui l'ont essayé, n'ont généralement réussi qu'à le déformer. Les intonations sont souvent gutturales et l'effet produit criard. En entendant deux femmes parler, on croit d'abord et à tort à une dispute. Les salutations de politesse sont interminables non seulement au début d'une rencontre, mais pour reprendre haleine quand les idées manquent et que la conversation languit.

Les Ouolofs emploient la numération quinaire, après avoir compté jusqu'à cinq, on compte cinq-un, cinq-deux, etc. Les chiffres dix, cent, mille existent seuls ensuite. Pour vingt-six par exemple on compte deux dix cinq un. Les monnaies françaises ont seules cours à Dakar, les Ouolofs appellent « boutout » le sou, « pikini » cinq sous, « fiftin » ou « pisteurin » le franc.

La langue verte ouolove fait un usage exagéré de parties du corps que les conventions européennes laissent dans l'oubli. L'injure s'aggrave en y joignant le nom des parents. Le mot qui a popularisé Cambronne, a sa traduction exacte en ouolof et s'étale sur les murs de Dakar dans les graffiti sénégalais :

Doul. Le moral du noir et du Ouolof, en particulier, a été et est souvent l'objet d'appréciations sévères :

« Ils sont de leur naturel lascifs au possible, larrons, trompeurs et menteurs. » (DAVITY, *Description de l'Afrique, Paris 1660).*

« Ils sont paresseux à l'excès, fuient le travail comme la plus mauvaise chose qui soit au monde. » (P. LABAT 1728).

« Généralement sobres en temps ordinaire, ils mettent parfois la complaisance de leurs estomacs à de rudes épreuves, dans les fêtes etc., la quantité d'aliments qu'ils engloutissent est effrayante. » (FAZAN, *Revue mar. et col.).*

« Parler à propos du noir de la dignité de l'homme n'a pas de sens. Le noir n'a que de l'amour propre; la reconnaissance est une vertu de trop longue haleine pour lui ; un bienfait le comble de joie, peu après il l'a oublié... Il ignore la prévoyance ; quelque somme qu'il reçoive, il la dépense immédiatement en nourriture ou en parure. Il est très charitable et partage le peu qu'il possède avec celui qui en a besoin. Mais cette charité, qui ne s'étend qu'à ceux de sa couleur, a pour cause en grande partie cette même imprévoyance. Menteur, presque toujours voleur, non pas des objets, qui à sa connaissance ont le plus de valeur, mais de ceux qui flattent le plus son caprice, il n'a pas plus d'honneur que de dignité. » (PÉCHARD, *Paris 1856).*

Les noirs de Dakar constituent assurément une main d'œuvre exigeante, capricieuse et d'un rendement médiocre. Mais c'est peut-être l'intérêt lésé qui rend si sévères les Européens, et les noirs ne trouvent pas que des exemples à imiter chez les « toubabs » (Européens).

Le noir est surtout imprévoyant. Il a le fatalisme africain : Dieu l'a voulu. Cela explique tout et dispense de l'effort. Les anciens captifs comptaient sur le maître pour les nourrir, c'est ce qui fait qu'il y a encore des noirs qui sont restés auprès de leurs anciens maîtres. Les hommes libres appartenaient à une société communautaire où chacun s'entraidait. Encore aujourd'hui, l'usage veut qu'on ne commence pas à manger sans inviter les présents, le passant a toujours le droit de puiser dans la calebasse de celui qui mange. L'égoïste se cache pour manger un bon morceau. Le noir auquel il arrive un événement heureux ou qui revient avec une petite fortune de travailler sur la côte sud, est obligé d'entretenir pendant un certain temps ses parents et amis. Déplacé brusquement de son milieu originel et lancé dans une société individualiste, le noir a été victime de ce changement auquel il s'adapte mal. Il s'abandonne à ses convoitises, il sacrifie le présent et l'avenir pour une satisfaction de vanité, une fête, un beau vêtement, un bijou. Comme les salaires sont relativement élevés, il trouve prêteur, mais à quelles conditions! L'usure est une des plaies du monde noir de Dakar.

La misère n'est que trop fréquente. Beaucoup de noirs ne mangent pas à leur faim et ont une nourriture insuffisante, du biscuit concassé dans de l'eau, un peu de riz et de sucre. La plupart sont mal vêtus, et si dans l'estivage ils paient un lourd tribut aux affections des voies respiratoires, c'est parce qu'ils ont froid. Beaucoup habitent des cases insalubres où les pluies de l'hivernage pénètrent abondamment.

La misère morale n'est pas moins grande que la misère physique: l'enfant ni la femme ne sont protégés. L'enfant croît sans hygiène et trop souvent sans surveillance. La femme est achetée par son mari, et répudiée sur un caprice. La constitution de la famille est précaire. Les enfants sont presque toujours laissés en charge à la mère abandonnée. Les avortements sont fréquents, et aussi les empoisonnements par des préparations végétales, quelquefois soupçonnés et rarement punis. Le poison est l'arme du noir. Les sorts jetés ont des moyens matériels de réalisation.

La diffusion de l'instruction a permis à quelques noirs de s'élever aux grades inférieurs des administrations, mais la masse joue le rôle de mains-d'œuvre. Il y a lieu de craindre que la haine de race ne se développe contre les Européens, qui constituent une façon d'aristocratie, au-dessus de ce prolétariat nègre.

A côté de l'agglomération noire, vivent de petits groupements exotiques: des mulâtres portugais chassés par la faim des îles du Cap Vert, des noirs du Congo, qu'on appelle à Dakar « congoman », des indiens colporteurs, des juifs africains, des marocains et surtout des syriens viennent à Dakar exercer de petits commerces. Ils habitent dans le quartier indigène, en particulier rue Vincens. Leurs boutiques ont l'aspect de celles des Mozabites ou des juifs d'Algérie.

Les Syriens forment à Dakar une petite colonie de plusieurs centaines de membres. Ils parlent l'arabe. Ils sont arrivés en se contentant de bénéfices infimes et peut-être aussi quelquefois par des moyens moins honnêtes à accaparer le commerce de la bimbeloterie avec les noirs. Ces descendants des anciens Phéniciens continuent peut-être, à leur insu, une tradition, s'il est vrai que longtemps avant notre ère, les navires phéniciens aient suivi la côte d'Afrique jusqu'au Cap Vert.

Cette invasion d'éléments étrangers d'une valeur douteuse a paru présenter des inconvénients et une circulaire du 18 octobre 1906 du Gouverneur du Sénégal, a décidé que les immigrants étrangers ne seraient admis à débarquer à Dakar que s'ils étaient porteurs de papiers d'identité, d'une somme de deux cents francs, et reconnus en bon état de santé par le médecin arraisonneur.

IX

SITUATION RELIGIEUSE
CALENDRIER SÉNÉGALAIS — FÊTES
CÉRÉMONIES

Il y a à Dakar des catholiques, des musulmans, des fétichistes et des libres penseurs.

La majorité des Européens de Dakar est indifférente en
matière religieuse. Il existe une loge maçonnique affiliée au
Grand Orient de France.

Le clergé catholique est représenté par les pères missionnaires du St-Esprit. La paroisse de Dakar dépend de l'évêché
de St-Louis.

La population catholique active se compose surtout de
mulâtres et de nègres. L'église de Dakar menace ruine et les
offices sont célébrés dans l'ancien local du cercle catholique,
place Protêt. Suivant une tradition ancienne, les blancs et les
noirs ne fusionnent pas. Les noirs occupent le fond de la salle.

Le nombre des nègres catholiques de Dakar peut être
évalué à un millier. C'est une des communautés les plus importantes du Sénégal où les catholiques ne sont que quelques
milliers sur une population de onze cent mille habitants. Les
Pères du Saint-Esprit ont imprimé à leur mission de Ngazobil

une Bible, un catéchisme et différents livres de prière en ouolof. Certains jours on prêche en ouolof à l'église de Dakar. Le ouolof des Pères serait, d'après certains Sénégalais, souvent incorrect.

Les lois nouvelles sur les congrégations ont été appliquées à Dakar : les sœurs de St-Joseph de Cluny qui étaient à l'Hôpital depuis sa fondation en 1882, en ont été exclues en 1905. L'École de filles des sœurs de l'immaculée Conception et l'École de garçons des frères de Ploërmel ont été laïcisées. Les missions des Pères du St-Esprit à Thiès et à Ngazobil près Joal subsistent.

La loi de séparation des Églises et de l'État n'a pas encore été promulguée au Sénégal.

Il n'y a pas de mission protestante à Dakar.

La majeure partie des noirs de Dakar appartient au culte musulman. Musulman se dit « séri » en ouolof, mais on appelle couramment « marabouts » les musulmans du Sénégal et eux mêmes acceptent volontiers ce nom, qui paraît avoir une explication historique. C'est dans la partie du Sahara voisine du Sénégal, que se réfugièrent certaines tribus berbères de l'Afrique mineure, persécutés par les Fatémides. Ces proscrits étaient restés musulmans fidèles et se donnaient à eux-mêmes le nom de « el morabetin » pluriel de « morabet », dont nous avons fait marabout. Ils tournèrent d'abord leurs efforts de prosélytisme vers les nègres du Sénégal et commencèrent la conversion de ceux-ci à l'islamisme. Puis vers 1060, ils se jetèrent sur le Magreb et y fondèrent un empire. La lutte d'El Morabetin (vicieusement : les almoravides) avec une autre secte religieuse « El Mouahaddin » (vicieusement : les almohades) a rempli une partie de l'histoire de l'Afrique mineure.

C'est dans la vallée du Sénégal voisine de la Mauritanie que se formèrent les premiers états musulmans du Sénégal. Les Toucouleurs, métis de Ouoloffs, de Pouls et de Maures, se sont toujours faits remarquer par leur ardeur à propager l'islamisme. C'est de leur race que sont sortis les terribles prophètes, El Hadj Omar, l'adversaire de Faidherbe, et Ahmadou, et ce sont eux qui essaiment encore dans l'Afrique occidentale la plupart des marabouts convertisseurs.

L'école confessionnelle est un moyen d'action que les musulmans du Sénégal n'ont pas négligé. Il y a à Dakar plus de vingt écoles coraniques où l'on enseigne exclusivement le livre sacré de l'Islam.

Enfin, les musulmans distribuent des livres de prière en arabe imprimés à Beyrouth et apportés par les trafiquants syriens.

Les musulmans de Dakar possèdent une mosquée officielle rue Blanchot, construite par les soins du Gouvernement. Deux sépultures de marabout, l'une Boulevard National, l'autre dans la partie haute de la rue Vincens, servent aussi de point de réunion pour la prière (Diaka).

Les musulmans de Dakar paraissent d'abord moins dévôts que ceux de l'Afrique mineure. Certains boivent des boissons fermentées, mangent de la graisse de porc, et peu observent rigoureusement le ramadan. Cependant il est d'usage à Dakar et Gorée d'offrir la Kola aux noirs musulmans, tandis que l'on offre de l'alcool aux noirs catholiques, comme gratification.

Beaucoup de musulmans ont conservé leur vieille croyance de fétichistes aux amulettes et aux gris-gris. Ils portent comme préservatifs contre tous les maux les objets les plus bizarres, croient aux sorciers et aux revenants, aux mauvais sorts et ont beaucoup de superstitions qui soulèveraient la colère du Prophète.

Malgré tout, leur fanatisme est très réel : ils se sentent en possession de la vérité qui donne le salut, ils sont fiers d'appartenir à la grande famille musulmane. Marins, ils font peindre sur leurs pirogues la célèbre prière : « *El Hamdou lillahi rebbi...* » Dans leurs demeures ils mettent à la place d'honneur d'affreuses chromos du sultan Abdul Hamid. On peut se demander si en cas de mouvement panislamique, ils ne se souviendraient pas que « la Djihad », la guerre sainte contre l'infidèle, est un des devoirs les plus stricts du musulman. Le Gouvernement du Sénégal s'est déjà préoccupé de la surveillance des Écoles coraniques et des marabouts, et le Gouverneur du Haut Sénégal Niger a attiré l'attention de ses subordonnés sur la propagande islamique. (Circulaires du 4 mai 1903 et 1ᵉʳ juillet 1906).

L'Islamisme sénégalais ne présente rien de caractéristique. Dieu est désigné par « Yalla » terme adopté aussi par les Ouolofs catholiques. La prière, le salam « diouli » les ablutions rituelles, la récitation du chapelet « kourouss », le jeûne du ramadan « kor » se font comme chez tous les musulmans. La circoncision « harafal » est pratiquée collectivement chez les garçons de huit à dix ans. Pendant les jours qui suivent, les jeunes circoncis « N'diouli » sont affublés de bonnets de couleur et vont par bandes chez les parents · et amis réclamer des cadeaux.

Certaines formules arabes mi-religieuses se sont introduites chez les Ouolofs : « Bissimilaï » (ar. Bismi lillahi) Au nom de Dieu. — « Salam alikoum » le salut soit à vous,· à quoi l'on répond : « Malikoum Salam » à vous le salut. Ce sont les termes arabes légèrement déformés.

Les fêtes sont le « Tamkharet » fête du commencement de l'année, le dix du premier mois ; le « Gamou » naissance du prophète ; le « Kori » fin du jeûne du ramadan ; le « Tabaski » commémoration du sacrifice d'Abraham.

L'année musulmane sénégalaise suit le cours de la lune. Elle commence de dix à onze jours plus tôt chaque année. Les mois sont : Tamkharet, Digui gamou, Gamou, Raki gamou, Rakati gamou, Mam ou kor, Ndaye kor, Barakhlou, Kor, Kori, Digui tabaski, Tabaski, qui correspondent aux mois arabes Moharem, etc. Les jours de la semaine aldiouma (vendredi), aser, diber, altiné, tlata, alarba, alkhamis, se rapprochent beaucoup des dénominations arabes.

Les musulmans sénégalais copient les prénoms arabes : Mahmadou, Ahmady, Amadou sont des dérivés de Mohamed.

Les Fétichistes purs, non teintés d'islamisme, sont à Dakar des étrangers au pays, Bambaras ou Sérères par exemple.

Les indigènes de Dakar ont un cimetière distinct des Européens.

Les fêtes religieuses, publiques ou privées, sont très suivies. Certains noirs célèbrent même les fêtes de la religion voisine. Les repas où la quantité d'aliments seule est recherchée, le tam-tam, les danses en forment le programme habituel. La musique noire est sourde et monotone. Les danses sont obcènes au delà de ce qui peut être imaginé. Les griots, qui récitent des rhapsodies et jouent le rôle de bouffons sont très goûtés. C'était autrefois la coutume au Cap Vert de déposer leurs cadavres dans le creux de vieux baobabs, qui leur servaient de tombeaux.

Les cérémonies funèbres ont gardé le caractère primitif. Les femmes viennent hurler dans la maison du mort, célèbrent à haute voix ses mérites. Ces manifestations varient de durée suivant l'importance des familles et leur générosité, car les pleureuses sont nourries aux frais des parents du défunt et reçoivent un cadeau en espèces.

X

ARMÉE ET MARINE

Dakar est la résidence du Général de Brigade Commandant supérieur des troupes de l'A. O. F., de son État-major, du Colonel commandant l'artillerie de l'A. O. F., des Directeurs des services de santé, de l'Intendance, etc. Dès le temps de paix, il existe à Dakar un Colonel commandant la Défense de la Place, qui dirige les travaux de fortifications en cours.

Dakar a été représenté avec Bizerte, Diego-Suarez et Saïgon comme un des remparts de la puissance française dans le monde.

Sa garnison est jusqu'ici peu importante ; elle comprend une compagnie d'infanterie coloniale ou bataillon de l'A. O. F. casernée à Ouakam et aux Madeleines I, deux cents hommes environ. Deux compagnies de tirailleurs sénégalais campés aux Madeleines II, cinq cents hommes environ. Cinq cents hommes d'artillerie coloniale et une centaine d'infirmiers, ouvriers d'administration, etc. Les spahis sénégalais, qui avaient leur caserne place Protêt, ont quitté Dakar pour St-Louis. Rufisque possède une garnison de tirailleurs et Thiès une compagnie d'infanterie montée.

La compagnie d'infanterie coloniale, une partie des artilleurs et les cadres des autres corps seuls sont français. Le

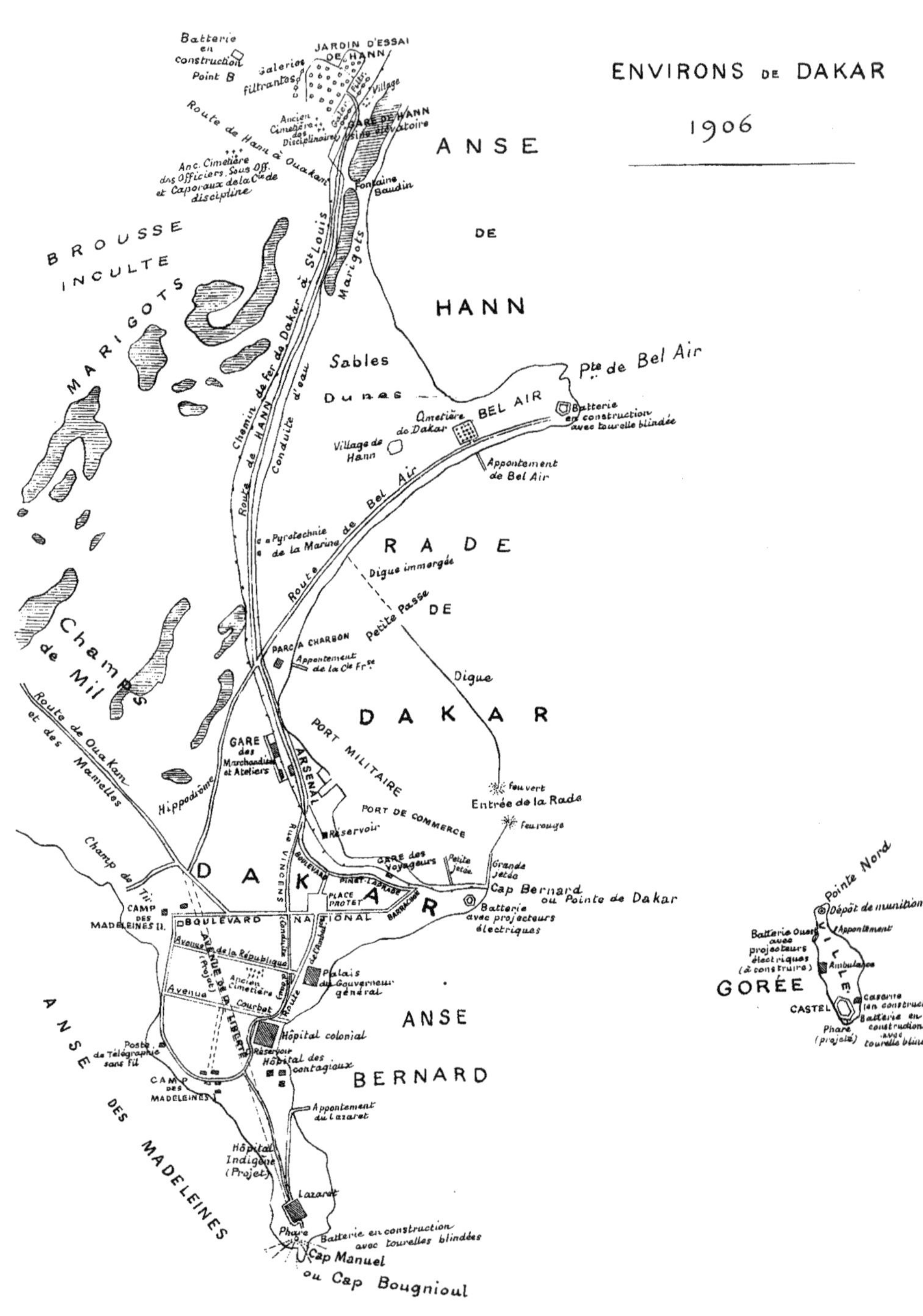

ENVIRONS de DAKAR
1906
Batterie en construction Point B
Galeries filtrantes
JARDIN D'ESSAI DE HANN
Village
GARE DE HANN
Ancien Cimetière des Disciplinaires
Usine élévatoire
Route de Hann à Ouakam
Anc. Cimetière des Officiers, Sous Off. et Caporaux de la Cie de discipline
ANSE DE HANN
Fontaine Baudin
BROUSSE INCULTE
MARIGOTS
Marigots
Route de fer de Dakar à St Louis
Chemin de fer de HANN
Route de HANN
Conduite d'eau
Sables Dunes
Pte de Bel Air
Cimetière de Dakar
BEL AIR
Batterie en construction avec tourelle blindée
Village de Hann
Appontement de Bel Air
Route de Bel Air
Pyrotechnie de la Marine
RADE
Digue immergée
Petite Passe
DE
Digue
PARC A CHARBON
Appontement de la Cie Frse
DAKAR
feu vert
Entrée de la Rade
feu rouge
GARE des Marchandises et Ateliers
ARSENAL
PORT MILITAIRE
PORT DE COMMERCE
Réservoir
Route de Ouakam et des Mamelles
Hippodrome
Champ de Tir
Rue VINCENS
Boulevard
GARE des Voyageurs
Petite jetée
Grande jetée
Cap Bernard ou Pointe de Dakar
DAKAR
CAMP DES MADELEINES II.
BOULEVARD
PINET LAPRADE
PLACE PROTET
NATIONAL
BARRACHE
Batterie avec projecteurs électriques
Avenue de la République
RUE DE LA République (Projet)
Ancien cimetière
Route de l'Anse
Palais du Gouverneur général
ANSE
Avenue Courbet
Avenue DE LIBERTÉ
Poste de Télégraphie sans fil
Hôpital colonial
Réservoir
Hôpital des contagieux
BERNARD
CAMP DES MADELEINES
Appontement du lazaret
ANSE DES MADELEINES
Hôpital Indigène (Projet)
Lazaret
Phare
Batterie en construction avec tourelles blindées
Cap Manuel ou Cap Bougnioul
Pointe Nord
Dépôt de munitions
Batterie Ouest avec projecteurs électriques (à construire)
Appontement
Ambulances
GORÉE
CASTEL
Caserne (en construction)
Batterie en construction avec tourelle blindée
Phare (projeté)

service de santé et les services administratifs emploient une forte proportion d'indigènes. Les soldats indigènes sont surtout recrutés dans les pays bambaras et toucouleurs.

Quand les casernes et les fortifications de Dakar seront terminées, la garnison sera beaucoup plus forte.

Européens et indigènes sont vêtus de toile kaki, les indigènes portent la chéchia rouge, les européens le casque, qui est recouvert en campagne d'une coiffe kaki. L'invisibilité de la troupe est ainsi réalisée au plus haut degré.

Les troupes européennes de Dakar vivent dans des casernes. Les camps des Madeleines ont des constructions permanentes par pavillons isolés, bien situés et très salubres. Les indigènes sont logés aux Madeleines II avec leurs familles dans des cases se rapprochant du type indigène.

L'artillerie de Dakar possède des pièce de montagne, des pièces de campagne ancien modèle, portées ou traînées par des mulets. Les chevaux ne servent que pour la remonte des officiers ou gradés. La plupart sont des chevaux sénégalais. Les chevaux d'Algérie ne passent pas deux hivernages sans être emportés par la typho-malaria. En 1906, une trentaine de chevaux de cette provenance ont encore été enlevés à Dakar et une quarantaine à St-Louis.

L'artillerie coloniale assure sa propre remonte par des achats faits au Sénégal. Il n'y a pas de Service de Remontes proprement dit. Les haras de St-Louis et de Diourbel ont disparu tour à tour, celui de Koulikoro, qui envoyait des chevaux à Dakar, vient d'être supprimé.

L'artillerie coloniale joue le rôle du Génie en France et est chargée de la construction et de l'entretien des défenses et bâtiments militaires. Quelques officiers du Génie métropolitain ont cependant été appelés pour concourir aux travaux de fortification de Dakar.

Le fort du Cap Bernard est seul achevé. Les forts avec tourelle blindée de Bel-Air, du Cap Manuel et du Castel de

Gorée sont en construction. Les tourelles sont fournies par la maison Schneider du Creuzot. La batterie ouest de Gorée doit-être modernisée et le dépôt de munitions de la pointe nord de l'île supprimé. Des batteries sont en contruction aux points B et A à Hann près du jardin d'essai, et près de Ouakam, sur celle des Mamelles qui ne porte pas de phare.

La mise en état de défense de Dakar ne sera terminée qu'en 1908.

Le port de guerre et le port de commerce seront achevés à peu près à la même époque. La grande jetée est faite. Les terrassements de l'arsenal, le bassin des torpilleurs et le bassin de radoub de 200ᵐ de long, pouvant être séparé en deux bassins, sont presque terminés. Les dragues ont creusé dans la rade un point de mouillage pour quatre cuirassés, de 9ᵐ de profondeur au-dessous des basses mers. Le mouvement des marées est peu marqué à Dakar. Les parties du rivage découvertes aux marées basses sont peu étendues. Les marées les plus hautes ont 1ᵐ60 environ.

La marine nationale est représentée à Dakar par la station du Sénégal, qui dépend de la Division de l'Atlantique. Le contre-amiral et les deux croiseurs de cette division sont le plus souvent aux Antilles. La marine est commandée à Dakar par un Capitaine de Frégate, qui remplace l'Amiral au Conseil de Gouvernement de l'A. O. F.

La station navale du Sénégal ne possède que des unités peu importantes et depuis longtemps dans la colonie : un petit vapeur à roues le « *Goëland* », un bateau citerne l'« *Akba* », un ponton le « *Marigot* », quelques chaloupes à vapeur. Il n'y a pas de torpilleur et pas davantage de sous-marin.

A l'instar de la guerre, la marine a recruté une partie de ses équipages parmi les indigènes.

Depuis 1906, un yatch à vapeur, la «*Jeanne-Blanche*», légué à l'État, a été mis à la disposition du Gouverneur général.

XI

LES ADMINISTRATIONS D'ÉTAT

Dakar possède les Bureaux particuliers du Gouverneur général, le Secrétariat général de l'Afrique occidentale et la Délégation du Sénégal.

Le Secrétariat général, créé par Décret de 1898, comprend un secrétariat particulier et trois bureaux : Administration générale, communes, contentieux; Travaux et approvisionnement; Finances. Le Secrétariat général est installé place Protêt sur l'emplacement de l'ancienne redoute. A sa tête est le Secrétaire général, qui a le grade de Gouverneur et remplace le Gouverneur général en cas d'absence.

Les bureaux de la Délégation du Sénégal, logés rue des Essarts, dans l'ancien bureau des postes de Dakar, sont plus modestes. Sous les ordres du Délégué du Gouverneur du Sénégal, ils administrent le 2ᵉ arrondissement, ils s'occupent des affaires locales et non des affaires générales de l'A. O. F.

La hiérarchie administrative comprend les grades de Gouverneur, Secrétaire général, Administrateur, Administrateur adjoint, Commis des affaires indigènes, avec plusieurs classes pour chaque grade.

Le service des Travaux publics est dirigé par des ingénieurs des ponts et chaussées du cadre métropolitain, assistés d'ingénieurs et de conducteurs du cadre colonial.

Les Finances occupent un contrôleur des contributions directes qui est en même temps vérificateur des poids et mesures. Son contrôle s'étend sur le 2ᵉ arrondissement. Il s'occupe des patentes, licences, impôt locatif, poids et mesures.

Le service de l'Enregistrement est assuré à Dakar par un bureau géré par un receveur.

Le service des Douanes a une grande importance pour une colonie qui en tire la majeure partie de ses ressources. Une taxe de 10 p. °/₀ sur la valeur majorée de 25 p. °/₀ est prélevée sur tous les objets non usagés entrant dans la colonie. Tout est frappé même les matériaux de construction, les eaux minérales, etc. Un droit d'octroi au profit de la commune de Dakar est perçu sur certains objets. Gorée est port franc mais a aussi un octroi.

La Justice est représentée par un Tribunal de 1ʳᵉ instance et une Justice de paix. Depuis le mois d'août 1906, la Cour d'appel de l'Afrique occidentale française a été transférée de St-Louis à Dakar. Les services judiciaires occupent le Palais de justice de la place Protêt. Il y a à Dakar, notaire, greffier, avocats, huissiers. La prison de Dakar fonctionne avec un comité de surveillance et reçoit les civils, les militaires et les marins, européens ou indigènes. Il y a un pénitencier à Thiès. La justice militaire est rendue par un Conseil de guerre siégeant à Dakar.

L'Afrique occidentale est sous le régime des Décrets. Il a été admis que les coutumes indigènes seraient respectées en ce qu'elles n'avaient pas de contraire aux principes du droit français. C'est à la Cour d'appel de Dakar de fixer la jurisprudence de l'A. O. F. par ses arrêts. Un Décret, s'inspirant de l'acte Torrens, a organisé le régime de la propriété foncière dans les colonies dépendant du Gouvernement général (24 juillet 1906).

L'instruction publique est donnée dans les écoles primaires de garçons et de filles. Les instituteurs et institutrices sont presque tous français. Les Sénégalais aisés envoient volontiers leurs enfants faire leur éducation en France. Il existe cependant à St-Louis un collège, l'ancienne école des fils de chefs, créée par Faidherbe.

Les écoles catholiques des missions, qui avaient longtemps joui d'un véritable monopole à Dakar, ont été fermées. Les écoles coraniques existent encore. Elles sont au nombre de 20 avec 250 garçons et 25 filles. Elles enseignent uniquement le Coran et réussissent à répandre quelques notions d'arabe dans la population musulmane. Des tentatives sont faites pour amener les écoles coraniques à fermer pendant les heures de classe des écoles officielles françaises.

Le service sanitaire civil est dirigé par un Inspecteur, qui a été jusqu'ici le Directeur du service de santé des troupes. Quarante médecins civils avaient été demandés pour différents postes de l'Afrique occidentale. Il n'a pas été possible de les recruter.

L'assistance publique est assurée par l'hôpital colonial de Dakar, qui reçoit les militaires, les fonctionnaires civils, les ouvriers européens et indigènes employés aux travaux publics etc., et l'hospice civil de Gorée, qui reçoit les malades européens et indigènes de Dakar et du 2e arrondissement, qui ne rentrent pas dans les catégories précédentes. Un dispensaire est situé boulevard National et géré par les religieuses de St-Joseph de Cluny. La commune de Dakar a un médecin et subventionne une consultation gratuite. Il n'existe pas d'asile d'aliénés dans l'A. O. F. Les aliénés sont envoyés à St-Pierre à Marseille.

Le médecin chargé du service sanitaire du 2e arrondissement réside à Dakar depuis 1892. Avant cette époque il était fixé à Gorée.

Le service du port comprend à Dakar en outre du Directeur

du port, qui est un officier de la marine de guerre du grade de lieutenant de vaisseau, un capitaine du port et deux pilotes, un médecin arraisonneur qui est fourni par les troupes coloniales etc. Les paquebots venant du Brésil sont tous mis en quarantaine.

Un phare à feu tournant portant à 27 milles est entretenu à 9 km 700 de Dakar sur l'une des Mamelles. Le phare des Almadies a un feu fixe alternativement blanc et rouge. Le Cap Manuel a un phare avec feu fixe rouge portant à 8 milles. La reconstruction de ce phare est en voie d'exécution. Un phare est projeté à la pointe sud de Gorée au-dessous du Castel.

Le service des postes est installé boulevard Pinet-Laprade dans un ancien hôtel. Un câble anglais et un câble français, partant de Yoff et atterrissant à Brest, mettent Dakar en relation avec l'Europe. Il existe un réseau téléphonique urbain et une ligne téléphonique de Dakar à Gorée. Toutes les colonies de l'A. O. F. sont reliées par le télégraphe.

XII

ENTREPRISES PRIVÉES

Hersent, adjudicataire des travaux du Port de Guerre, et Jammy et Galtier, adjudicataires des travaux du Port de Commerce, travaillent sur les fonds publics.

Le chemin de fer de Dakar à St-Louis, après avoir été longtemps dans une situation peu brillante, donne des résultats plus satisfaisants. Les dépenses d'exploitation sont couvertes, les avances faites par l'Etat commencent à être remboursées. La recette kilométrique est de dix mille francs environ.

Dakar est mis en communication avec l'Europe par les Messageries maritimes et les Transports maritimes (lignes de l'Amérique du Sud), la Cie Fraissinet et la Cie des Chargeurs réunis (lignes de la côte occidentale d'Afrique), ces deux dernières subventionnées par l'Etat, la Cie allemande, Die Woermann Linie, et la Cie Belge Maritime du Congo.

Les navires les plus rapides, ceux des Messageries et des Transports mettent six jours et demi de France à Dakar.

De nombreux cargo-boats, surtout anglais et allemands, passent à Dakar à des époques irrégulières.

Un service bi-mensuel est assuré avec Rufisque et Ziguinchor sur la Casamance par un petit vapeur « l'*Hirondelle* » de la C^le Caland. Cette maison assure les communications entre Dakar et Gorée par un petit vapeur le « *Nautile* ». Il y a plusieurs voyages par jour, sauf dans les cas de mauvais temps où la rade est consignée. Ce service entre Dakar et Gorée existe seulement depuis huit ans, auparavant les relations étaient assurées par des cotres à voile.

Un service côtier subventionné doit fonctionner très prochainement entre l'île Sherbro (Sierra Leone) et la baie d'Arguin.

Des cargo-boats mettent Dakar en relations fréquentes mais irrégulières avec la Gambie et les postes sud de la Côte occidentale (Maison Maurel frères, Maison Scholl, navires anglais, etc.) Les Pères du St-Esprit ont un bateau pour le service de leurs missions. Les relations entre Dakar et Joal et les petits ports du Siné-Saloum, sont établies par des cotres à voile.

Il y a à Dakar de nombreux cotres et barques de pêche montés exclusivement par des noirs et des embarcations rudimentaires se rapprochant de la pirogue. La côte est très poissonneuse. Il n'est pas fait de conserves. Le produit de la pêche ne sert qu'à la consommation locale. Les Bambaras et Sarracolais sont des marins très adroits, de beaucoup de sang-froid et très fatalistes.

Le commerce de Dakar est partagé entre quelques grosses maisons de Bordeaux ou de Marseille : Plantey et Clastres, Buhan et Teisseires, Maurel et Prom, Maurel frères, Devès et Chaumet, C^le française de l'Afrique occidentale etc., qui ont installé des Entrepôts et des Grands Bazars à Dakar, et des Succursales dans l'intérieur jusque dans le Soudan, font tous les articles, pratiquent la traite des arachides etc.

Il n'y a presque pas de moyen commerce à Dakar. Les petites industries les plus utiles, celles du vêtement, de la chaussure, etc., ne sont pas représentées.

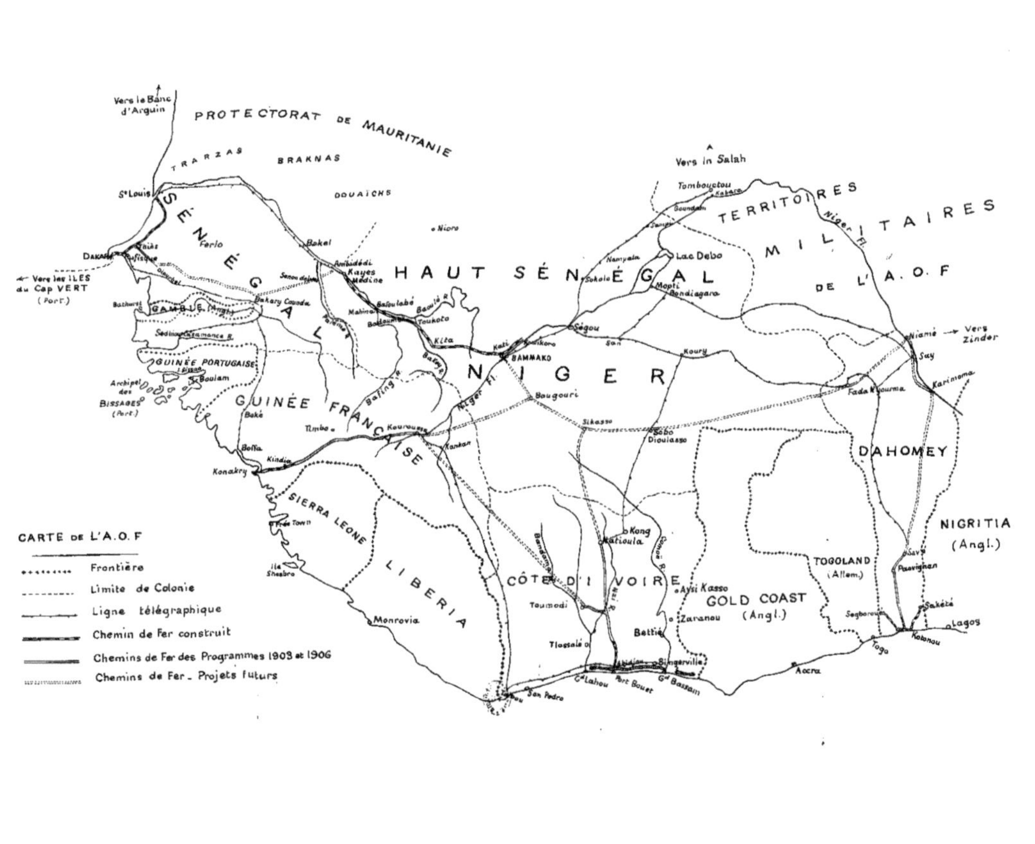
Vers le Banc d'Arguin
PROTECTORAT DE MAURITANIE
TRARZAS
BRAKNAS
DOUAICHS
Vers in Salah
St Louis
Tombouctou
Kabara
TERRITOIRES
Niger Fl.
MILITAIRES
SÉNÉGAL
Nioro
Boundou
Jenné
DAKAR
Thiès
Rufisque
Ferlo
Bakel
Nampala
Lac Debo
HAUT SÉNÉGAL
Sokolo
DE L'A.O.F
Niamé
Vers les ILES
du Cap VERT
(Port.)
Dialoga
Ambidédi
Kayes
Médine
Sansandjng
Mopti
Bandiagara
Vers Zinder
Bathurst
GAMBIE (Angl.)
Sédhiou
Casamance R.
Bakary Counda
Mahina
Bafoulabé
Bommi R.
Toukoto
Baoulé R.
Kita
Kati
Koulikoro
Ségou
San
Koury
Say
GUINÉE PORTUGAISE
I. Bisao
Bafing
NIGER
BAMMAKO
Fada N'Gourma
Karimama
Archipel
des BISSAGOS
(Port.)
GUINÉE
FRANÇAISE
Baké
Timbo
Kouroussa
Niger Fl.
Baugouri
Sikasso
Bobo Dioulasso
DAHOMEY
Boffa
Kindia
Kankan
NIGRITIA
(Angl.)
Konakry
CARTE DE L'A.O.F
SIERRA LEONE
LIBERIA
Free Town
Kong
Katioula
TOGOLAND
(Allem.)
Paravignan
Frontière
Ile Sherbro
CÔTE D'IVOIRE
Aïsi Kasso
GOLD COAST
(Angl.)
Sakéto
Limite de Colonie
Toumodi
Zaranou
Segboroua
Lagos
Ligne télégraphique
Monrovia
Bettié
Kotonou
Chemin de Fer construit
Tiassalé
Togo
Chemins de Fer des Programmes 1903 et 1906
N'Douci
Bingerville
Accra
Chemins de Fer - Projets futurs
San Pedro
Gd Lahou
Port Bouet
Gd Bassam

Le petit commerce est entre les mains des Syriens et autres exotiques.

La Banque de l'A. O. F. qui jouit du privilège d'émettre des billets, a installé une succursale à Dakar. Le siège central reste jusqu'ici à St-Louis. Il n'y a pas d'or, la monnaie est rare, surtout au commencement de l'estivage, les maisons de commerce l'accaparent pour acheter les arachides aux noirs. Le papier monnaie est d'usage courant même pour la somme de cinq francs. Les billets de la Banque de l'Afrique occidentale perdent environ 2 °/₀ au change avec les billets de la Banque de France. Les caisses d'épargne ne fonctionnent pas au Sénégal. Le Bureau de Postes de Dakar ne délivre pas de mandats valables en dehors du Sénégal. Les mandats sont délivrés par le Trésor. L'argent qui sort de la colonie est frappé d'un impôt.

Le gros produit du Sénégal pour l'exportation est l'arachide (graine oléagineuse). Le mil est consommé sur place. L'arachide n'est pas cultivée dans les environs de Dakar. Toute l'arachide du Sénégal est exportée par Rufisque. Si plus tard, on peut embarquer l'arachide à quai à Dakar, il est probable que l'on enverra l'arachide en wagon jusqu'à Dakar, puisque Rufisque n'a pas de port, et que les cargos sont obligés de mouiller assez loin des appontements.

Le commerce de la gomme avec la Mauritanie, qui avait autrefois une grande importance, traverse une période de crise. Ce commerce ne se faisait pas par Dakar.

Les plumes et oiseaux, l'or de Galam (N'galam, région.. Voyage de Galam, anciennes caravanes commerciales partant de Saint-Louis vers le Soudan en suivant le fleuve) ne donnent lieu qu'à des transactions peu importantes. L'or provient du bassin de la Falêmé, affluent du Sénégal. Il coûte quinze francs le grain de 3 gr. 80. Des orfèvres indigènes établis surtout à Gorée, fabriquent des bijoux filigranés qu'ils ont popularisés aux différentes expositions françaises.

Il n'y a pas de plantations autour de Dakar. Des champs de mil et de manioc existent autour de Ouakam, ailleurs on pénètre directement dans la brousse. La culture maraîchère, bien qu'en voie de développement, reste fort au-dessous des besoins et ne donne de produits que pendant l'estivage. Presque tous les légumes viennent de France. Les ananas et les banannes viennent du sud ; les oranges, les citrons, les noix de coco sont apportés des îles du Cap Vert par des cotres. La farine vient de France. La Cie des Messageries maritimes et la Cie française de l'Afrique occidentale ont installé à Dakar des dépôts de charbon. Le charbon vient d'Angleterre.

Il n'y a pas de théâtre à Dakar, pas de bibliothèque, pas d'imprimerie, pas de journaux privés. Les nouvelles du monde extérieur sont envoyées par l'agence Havas et affichées telles quelles, en style télégraphique, par les soins du Gouvernement général. Les nouvelles de l'A. O. F. ne sont connues que par les télégrammes venus de France. Il existe à Gorée une imprimerie du Gouvernement général, l'imprimerie de la colonie du Sénégal est à St-Louis. Chacune publie un journal officiel, l'une pour l'A. O. F., l'autre pour la colonie du Sénégal.

XIII

PATHOLOGIE

Dakar est-il une localité salubre ?

Le dernier mouvement démographique publié est celui de
1904 : naissances 413, enfants morts-nés 130, décès 526. Parmi
les naissances : 23 européens, 375 indigènes, 15 étrangers
(Portugais du Cap Vert, marocains, syriens). Parmi les décès
32 européens, 470 indigènes, 24 étrangers. Pour toutes les
catégories, le chiffre des décès est supérieur à celui des naissances. Ce n'est pas en 1906 que le fait inverse se produira ;
dans un seul mois d'hivernage il y a eu cent décès pour
vingt-quatre naissances.

Parmi les maladies prédominantes à Dakar, il faut citer en
première ligne le paludisme. Il sévit sur toutes les classes,
chez les Européens et chez les indigènes. Les localités de
Hann et de Ouakam, où les disciplinaires coloniaux ont
campé successivement, sont particulièrement réputées comme
foyers de paludisme.

Beaucoup d'habitants de Dakar vont incontestablement se
contaminer dans la brousse avoisinant la ville. Cette brousse
est semée de marigots, gorgés d'eau pendant l'hivernage et
très malsains. A Dakar, il ne faut pas aller à la campagne

quand elle est verdoyante. Le mot « partie de chasse, partie de fièvre » est plus vrai que partout ailleurs.

Mais des cas de première invasion se produisent aussi dans l'agglomération urbaine ; l'ancien quartier des Dunes près de la gare de marchandises, la partie basse de la ville autour du futur arsenal maritime, l'ancien jardin public sont réputés comme fièvreux.

En 1904, il y a eu sept-cent-seize entrées à l'hôpital colonial de Dakar pour les diverses formes de paludisme. Sur ce total huit indigènes seulement.

Ce serait cependant une grosse erreur de croire que la population indigène échappe à l'infection palustre. Les nègres n'ont aucune immunité spéciale. Beaucoup d'enfants indigènes, qui n'ont pas quitté la localité ont un développement anormal de la rate, et le paludisme joue un rôle important dans la grande mortalité infantile de Dakar. Les adultes ont un certain degré d'accoutumance et souffrent moins que les Européens sans être tout à fait à l'abri de poussées aigües.

Les grands travaux entrepris à Dakar pour la création du port, l'installation des services publics et le développement de la ville, l'établissement des égouts et des conduites d'eau ont bouleversé les couches superficielles du sol et indirectement contribué à cette recrudescence du paludisme. Le même fait avait déjà été signalé par Bérenger-Férand entre 1855 et 1862 quand Pinet-Laprade jetait les premiers fondements de Dakar.

Les anophèles existent en abondance à Hann, à Ouakam et à Dakar même, malgré l'affirmation de Laveran, qui écrivait en 1903 : « sur trente-deux culicides capturés à Hann au mois de septembre 1902, je compte vingt anophèles. Il s'agit dans tous les cas d'anophèles costalis ; Hann est la localité la plus insalubre de Dakar. Parmi les culicides capturés à Dakar même, je n'ai trouvé aucun anophèle, de même à Gorée. Dakar et Gorée sont des localités salubres. » (*Anophèles et Paludisme.*)

Les autorités sanitaires ont entrepris la lutte contre les moustiques, avec d'autant plus d'ardeur qu'en même temps que le paludisme, on combattait aussi la fièvre jaune.

Les arrêtés du 25 novembre 1903, du 12 janvier et du 21 juin 1905, le décret du 14 avril 1904 ont imposé aux habitants des obligations sanitaires très strictes et qui seraient efficaces, si elles étaient rigoureusement appliquées. Il n'en est malheureusement pas ainsi, et malgré les efforts du service sanitaire du 2° arrondissement et des « musquitoes brigades » qui fonctionnent à Dakar, les moustiques restent nombreux dans la ville même et dans l'île voisine de Gorée. Il est impossible de songer à instituer à Dakar les mesures draconiennes mises en honneur à la Havane par les Américains, qui étaient en pays conquis. Des efforts ont donc été faits pour convaincre l'opinion publique de l'utilité des mesures prises, les affiches murales pour la prophylaxie du paludisme éditées par les frères Sergent sont placardées à Dakar dans les locaux administratifs ouverts au public.

La protection mécanique par les toiles métalliques est appliquée dans quelques maisons privées, dans les établissements de la C^le Hersent, à la gare des marchandises et aux ateliers du chemin de fer Dakar-St-Louis. La compagnie a fait de vigoureux efforts pour assurer la protection mécanique des gares de son réseau et son personnel a déjà éprouvé les effets bienfaisants de ces mesures. A la suite d'un cas de fièvre jaune survenu en septembre 1906, on a commencé à protéger par des toiles métalliques, le grand quartier d'artillerie de Dakar. L'immense majorité des maisons privées et la plupart des établissements publics, militaires ou civils en sont encore dépourvus.

Les mesures prophylactiques contre le paludisme ont consisté surtout dans l'emploi de la quinine préventive et des moustiquaires individuels. Les lits des hommes de troupes en sont munis. Au commencement de chaque hivernage, les sujets anémiés ou fortement impaludés, sont rapatriés d'urgence, quel que soit leur temps de séjour.

La fièvre bilieuse hémoglobinurique se montre surtout à Dakar pendant l'estivage. Elle ne paraît pas contagieuse. D'après Bérenger-Férand, il y en a eu deux-cent-quatre-vingt-cinq cas de 1856 à 1872 sur vingt-trois mille entrées à l'hôpital de Gorée. Il n'y avait pas alors d'hôpital à Dakar. La mortalité a toujours été considérable relativement au nombre des atteintes. Un certain nombre de cas sont traités chaque année à l'hôpital de Dakar. Il y en a eu quinze en 1904, d'après la statistique publiée. Quelques-uns viennent de la brousse, d'autres de Ouakam, d'autres de la ville même.

Les indigènes et les mulâtres n'en sont pas indemnes. Les cas de bilieuse hémoglobinurique ne sont pas rares chez les enfants noirs et sont souvent suivis de décès.

La fièvre jaune a sévi à maintes reprises à Dakar. On a admis pendant longtemps qu'elle était toujours à Dakar d'importation étrangère, qu'elle venait de la côte sud ou de l'Amérique du sud, et l'on incriminait surtout les colonies anglaises voisines de Gambie et de Sierra-Leone, qui se trouvent pourtant, surtout la première, dans des conditions sanitaires et climatériques sensiblement analogues à celles de Dakar. De fait, la fièvre jaune sévit plus fréquemment en Gambie qu'au Cap Vert. Mais des cas sporadiques de fièvre jaune se produisent vraisemblablement aussi à Dakar tous les ans; ces cas restent isolés et sont mis sur le compte de la bilieuse. L'histoire des épidémies nous montre que les premiers cas ont presque toujours été discutés ou même méconnus, ce qui est d'autant plus aisé que la fièvre jaune « essaie ses coups » et n'a pas au début une allure très nette. La population noire qui paie elle aussi son tribut à la fièvre jaune et ne jouit pas de l'immunité dont on avait voulu la gratifier, offre au stegomya comme à l'anophèle un réservoir d'infection permanent. La maladie ne devient épidémique qu'à des intervalles éloignés, quand des conditions favorables, climatériques et autres sont réunies, ou peut-être aussi suivant une loi évolutive commune à presque toutes les affections épidémiques.

Il n'en reste pas moins établi que les navires venant de la côte sud d'Afrique ou du Brésil peuvent contaminer Dakar. La fièvre jaune peut aussi venir du Soudan en suivant les voies ferrées ou les lignes fluviales, qui mettent en relations Dakar et Tombouctou. En 1897, il y a eu dix-sept décès par la fièvre jaune sur la voie ferrée de Kayes-Koulikoro, alors en construction. En 1903, il y a eu neuf décès à Kayes. Enfin, en 1906 une nouvelle épidémie s'est déclarée sur la ligne enfin construite de Kayes-Koulikoro. Il y a eu déjà trente-cinq cas et vingt-et-un décès et l'épidémie ne paraît pas encore arrêtée. La maladie aurait pris naissance à Ségou sur le Niger. Ces épidémies du Soudan ne peuvent pas être d'origine étrangère, et il faut admettre l'endémicité de la fièvre jaune dans l'A. O. F. La voie ferrée projetée entre Kayes et Dakar peut devenir un mode d'apport de la fièvre jaune du Soudan à Dakar.

« L'abondance au Sénégal du stegomya fasciata (moustique propagateur de la fièvre jaune) est remarquable : elle explique la facilité avec laquelle les épidémies de fièvre jaune se répandent dans la colonie. » (LAVERAN, *Anophèles et Paludisme*). A Dakar en particulier, le stegomya abonde.

Il est probable que dès le XVIe et le XVIIe siècle, la fièvre jaune visita le Cap Vert. Son apparition au XVIIIe siècle est incontestable.

Dakar n'était alors qu'un village ouolof sans importance. Il est difficile de dire quels ravages la fièvre jaune y exerça.

Mais, en 1759, 1776, 1778, 1779 la fièvre jaune ravagea Gorée et il est probable que Dakar ne fut pas épargné.

En 1816, épidémie à Dakar dans le camp des naufragés de la Méduse.

En 1829 et 1830, épidémies à Gorée. La maladie aurait été

apportée de la colonie anglaise de Sierra-Leone. A Gorée en 1830, sur cent-cinquante Européens, cent-quarante-quatre furent atteints et cinquante-deux moururent. La maladie sévit à Dakar et se propagea jusqu'à St-Louis.

En 1837, la fièvre jaune serait venue encore de Sierra-Leone, elle emporta le quart des Européens de Gorée.

En 1859, un navire venant de Gambie aurait contagionné Gorée. Il y a eu deux-cent-quarante-quatre atteintes et cent-soixante-deux décès sur deux-cent-soixante-sept Européens.

En 1866 et 1867 l'épidémie aurait été encore transmise de Gambie à Gorée. Il y eut cent-soixante-dix-huit atteintes et quatre-vingt-trois décès chez les Européens. De là, elle se répandit à Dakar, Rufisque et St-Louis.

En 1878, la fièvre jaune régnait en Sierra-Leone et Gambie. Elle éclata le 6 juillet à Gorée. Les autorités firent évacuer l'île par les troupes, qui furent disséminées sur la côte et en particulier casernées à Dakar. Cette mesure ne réussit qu'à infecter Dakar et à répandre le fléau. Soixante-trois civils et trois-cent-dix militaires moururent à Gorée-Dakar. La compagnie de discipline campée à Hann fut décimée. Un témoin de l'épidémie, Dupont, a écrit qu' « à Gorée, il n'y eut que peu de cas parmi les adultes noirs ; mais on constata chez un grand nombre d'enfants noirs des accès de fièvre auxquels plusieurs succombèrent après avoir présenté des hémorragies diverses. »

Le fléau se répandit à Rufisque, St-Louis et dans tout le Sénégal.

Il n'y avait pas eu jusque là d'établissement hospitalier à Dakar, il y avait une simple infirmerie de garnison, en sorte qu'il est impossible de faire la part de Dakar et celle de Gorée. L'épidémie de 1878 décida l'autorité supérieure à créer une ambulance à Dakar, de façon à pouvoir isoler complètement l'île de la terre ferme. Cette ambulance fut établie sur le plateau, alors désert, qui domine la ville et la rade. Cette ambulance est devenue l'hôpital colonial actuel, et en 1892, l'hôpital de Gorée, déchu de son rôle prépondérant est devenu à son tour ambulance.

En 1881 et 1882, la fièvre jaune fit de nouvelles apparitions à Gorée et à Dakar. En 1882, sur soixante-sept Européens présents à Gorée, il y eut vingt-sept cas et quinze décès.

Puis jusqu'en 1900, la maladie sembla disparue. Aucun cas ne fut constaté officiellement.

Mais en 1900, la fièvre jaune réapparut à Dakar, et contrairement à tous les précédents, on ne put accuser l'importation étrangère. L'histoire de cette épidémie a été relatée dans les *Annales d'hygiène et de médecine coloniales par M. le médecin inspecteur général* KERMORGANT. *(Juillet 1901).*

Le premier cas atteignit le 16 avril un employé de l'entreprise Hersent et les premiers cas se produisirent de préférence dans le bas de la rue Vincens près du jardin public. Le dianostic de fièvre jaune ne fut pas posé de suite, et quand le corps médical l'eut prononcé, la population de Dakar ne voulut pas y croire. « Les mesures sanitaires prises soulevaient de nombreuses protestations de la part des négociants qui n'y voyaient qu'une entrave à leur commerce. » Beaucoup de maisons étaient en planches et difficiles à désinfecter. L'épidémie se propagea. Le scepticisme et l'optimisme exagérés firent place à un véritable affolement. La population assiégeait les bureaux des compagnies de navigation. Trois mille personnes quittèrent le Sénégal. L'épidémie de 1900 a laissé à Dakar un souvenir terrifiant. Il y eut cent-quarante-deux atteintes et soixante-seize décès à Dakar et vingt-deux atteintes et vingt décès à Gorée. Mais l'exode en masse de la population européenne avait sans doute contribué à éviter un plus grand désastre.

Parmi les victimes les plus notables de l'épidémie furent l'évêque de St-Louis, Mgr. Buléon, en tournée pastorale à Dakar, et le Professeur Blanchet, chef de la mission de l'Adrar.

Le Professeur échappé des mains des Maures, arriva épuisé à St-Louis et mourut à Dakar. Il fut l'une des dernières victimes. Un monument commémoratif lui a été élevé à l'entrée du boulevard Pinet-Laprade « par ses admirateurs et ses amis. »

De Dakar, malgré tous les cordons sanitaires, l'épidémie se répandit à Rufisque et le long de la voie ferrée jusqu'à St-Louis. Rufisque et St-Louis furent très éprouvés.

L'épidémie de Dakar était terminée en novembre.

Le Décret du 14 avril 1904 et les arrêtés de 1903 et 1905, ont été inspirés par le souvenir de ces épidémies de fièvre jaune. Ils ont certainement beaucoup contribué à l'assainissement de Dakar par le comblement du ravin du jardin public, la destruction systématique des maisons insalubres, le refoulement des indigènes dans la partie ouest de la ville, etc.

Un cas de fièvre jaune s'étant produit en mai 1905, frappant un des agents des Travaux publics, la maison contaminée, située route de l'Ambulance, vis-à-vis du Palais en construction du Gouverneur, fut incendiée ainsi que les maisons avoisinantes. Les habitants furent isolés et soumis à une observation rigoureuse. L'affolement commença à se répandre, un certain nombre d'Européens quittèrent précipitamment Dakar.

Au printemps 1905, quelques cas se produisirent également sur un des vapeurs qui font le service de Dakar, le *Thibet*.

En septembre 1906, deux nouveaux cas se sont encore produits à Dakar, l'un en ville, l'autre au grand quartier d'artillerie. Ces cas restèrent encore isolés.

Le choléra a fait plusieurs apparitions au Sénégal : la première en 1868-1869. Il était répandu dans tout le nord de l'Afrique et fut apporté au Sénégal par les Maures Trarzas, qui l'avaient eux-mêmes reçu du Maroc. Dagana et St-Louis furent les premiers contaminés. L'épidémie se répandit dans le

Cayor, gagna Rufisque, la Gambie, la Casamance, Sierra Leone.

En 1898, le choléra fit une nouvelle apparition. Il y eut soixante-seize cas à St-Louis.

L'alcoolisme est un facteur trop important dans la morbidité de Dakar, pour qu'il soit permis de le passer sous silence. Ce sont les Européens, et les noirs qui ont subi le plus leur influence, qui s'y adonnent. Cette situation date de longtemps. Bérenger-Férand écrivait déjà : « L'ivrognerie est malheureusement un vice profondément invétéré chez nos soldats ; les garnisons sénégambiennes ne font pas exception, bien au contraire, placées dans un pays où l'ennui dévore l'individu à chaque instant de la vie, où la chaleur de l'atmosphère le sollicite à boire incessamment... N'oublions pas que le liquide ingéré produit plus rapidement ses effets au Sénégal que dans les pays froids. On sait que les malheureux intempérants ne mangent plus dès qu'ils s'enivrent ; or, les aliments de leur nourriture habituelle sont déjà d'inférieure qualité dans les pays les plus favorisés de la Sénégambie. Les intempérants arrivent très rapidement à l'anémie ».

Ce que Bérenger-Férand écrivait de la population militaire s'applique aussi justement à la population civile et la situation ne s'est pas beaucoup améliorée.

La maladie du sommeil n'existe pas à l'état endémique à Dakar, elle s'y présente sous forme sporadique. Mais des régions très voisines sont infectées, notamment les pays sérères, Joal, Portudal, le Sine Saloum, la Gambie et la Casamance. Nianing, au sud de Rufisque, est réputé comme foyer de maladie du sommeil. L'affection s'y présente par poussées épidémiques suivies de périodes d'accalmie. C'est en Gambie, que le Dr Forde, médecin colonial anglais a découvert le trypanosome en 1902, c'est aussi en Gambie, que le Dr J. Everett Dutson de l'École de médecine tropicale de Liverpool a étudié la fièvre à trypanosome et la maladie du sommeil. Le trypanosome découvert par Forde, a été appelé « trypanosoma gambiense ». Mais la maladie était connue cliniquement avant que sa nature ait été déterminée. Les Ouolofs l'appellent nélaouan (nélaou, dormir). Corre avait étudié à Gorée, ses principaux caractères.

Les noirs traitent la maladie du sommeil par l'excision des ganglions cervicaux hypertrophiés.

La « glossina palpalis » a été signalée à Sangalcam, près de Rufisque.

Le rapatriement par Dakar, de tirailleurs sénégalais ou soudanais venant du Congo peut contribuer à y répandre la maladie.

Les cas de lèpre restent isolés, les malades signalés sont envoyés d'office à la léproserie de St-Louis.

Le béribéri n'existe que par cas isolés. Son existence a été plusieurs fois constatée à la prison de Dakar. La région voisine de Casamance paie un plus lourd tribut à la maladie.

L'habitude des indigènes de marcher pieds nus multiplie les affections parasitaires des membres inférieurs. A ce point de vue les militaires indigènes de Dakar ne sont pas plus favorisés que les civils. L'éléphantiasis, le ver de Guinée, les ulcères phagédéniques sont très fréquents. Le pied de Madura est plus rare.

Pendant toute la saison sèche, le sol de Dakar est infecté de chiques. Les pieds nus des indigènes les propagent, et à la moindre négligence les Européens eux-mêmes servent d'hôtes à ces parasites. Les Sénégalais prétendent qu'autrefois il n'y avait pas de chiques dans leur pays et notamment à Dakar. Elles auraient été apportées vers 1885 du Gabon.

Les indigènes paient un lourd tribut aux maladies des voies respiratoires, pendant l'estivage. La pneumonie fait souvent de grands ravages. Les noirs sont très sensibles au pneumocoque comme au baccile de Nicolaïer. La tuberculose pulmonaire ou ganglionnaire n'est pas rare. Elle frappe surtout les mulâtres. Il y a peu de fièvre typhoïde à Dakar.

La gale et les maladies vénériennes sont très fréquentes, surtout dans la population indigène.

La syphilis revêt souvent chez les Européens une extrême virulence. Les accidents graves sont précoces.

Malgré la richesse de cette pathologie, malgré le lourd tribut que paie au paludisme la population actuelle, l'avenir sanitaire de Dakar peut être envisagé avec confiance. Sur cette presqu'île balayée par les vents de l'Océan peut et doit s'établir une cité salubre. Les travaux péniblement poursuivis assureront aux habitants de demain une situation sanitaire meilleure que celle de bien des villes de la métropole. Le climat de Dakar est idéal pendant une bonne partie de l'année, c'est le vrai été perpétuel, tel qu'on ne le trouve ni à Nice ni même en Algérie. C'est le climat de Madère ou des Canaries.

Malgré les quelques mois fatigants de l'hivernage, on ne voit pas à Dakar de ces faciès terreux de coloniaux anémiés. L'Européen peut conserver l'intégrité de son activité physique et intellectuelle. Les indigènes sont de grande taille et d'un bon développement musculaire, bien que leurs membres inférieurs soient un peu grêles.

La situation actuelle n'en comporte pas moins la nécessité d'une lutte persévérante contre le paludisme, contre les retours possibles de la fièvre jaune, contre l'alcoolisme, et d'une surveillance étroite de l'agglomération indigène. L'intérêt bien compris de la colonie doit être d'accord avec les principes généreux de la colonisation française : Combattre le paupérisme chez l'indigène, assainir son logement, mettre à sa portée des secours médicaux rationels auront pour résultat d'éteindre de redoutables foyers de paludisme et de fièvre jaune.